August der Starke.

DIETER NADOLSKI

DIE AFFÄREN AUGUSTS DES STARKEN

TAUCHAER VERLAG

Nadolski, Dieter:
Die Affären Augusts des Starken / Dieter Nadolski.-
3. Aufl. – [Taucha]: Tauchaer Verlag, 1999.
ISBN 3-910074-17-0

© by Tauchaer Verlag
Herstellung:
Neumann & Nürnberger, Leipzig
Satz und Reproduktion:
Offizin Andersen Nexö Leipzig GmbH
Druck und Verarbeitung:
Westermann Druck Zwickau
Printed in Germany
ISBN 3-910074-17-0

INHALT

IM Sommer 1694 leiste-
ten in der Residenzstadt Dresden und überall in
Sachsen die Vertreter des Adels und der Bürgerschaft dem am 12. Mai 1670 geborenen Sproß des
wettinischen Herrscherhauses, August dem Starken, ihren Untertaneneid. Als Kurfürst Friedrich
August I. und seit 1697 zugleich als König von Polen
August II. entfaltete er eine an Prunk kaum zu über-
treffende Hofhaltung. Sein Kurfürstentum zählte im
Heiligen Römischen Reich zu den besonders ent-
wickelten Ländern, die von ihm ausgelösten Pracht-
bauten und seine glanzvollen Feste erregten Aufsehen überall in Europa. Verwiesen sei insbesondere
auf den Bau des Zwingers, des Taschenbergpalais,
des Opernhauses – mit etwa 2000 Plätzen seinerzeit
das größte in deutschen Landen – sowie der Schloß-
anlagen in Pillnitz, auf die Erweiterung des Großen
Gartens in Dresden oder auf den Bau des Jagd-
schlosses Hubertusburg. Die umsichtige und inten-
sive Sammlertätigkeit, die damit verbundene Er-
richtung des Grünen Gewölbes, die Eröffnung eines
Mathematisch-Physikalischen Salons im Zwinger,
der Erwerb bedeutender Dokumente für die königliche Bibliothek und eine Fülle ähnlicher Aktivitäten
tragen bis zum heutigen Tag zum Ruhm des Fürsten
bei.

Wachgeblieben ist das Interesse an dem im Februar 1733 verstorbenen Sachsen aber nicht nur ob

solcherart von ihm initiierter Denkmale. Aus zwei
weiteren Ursachen heraus genießt der Wettiner bis
auf den heutigen Tag ungewöhnlich große Popu-
larität, nämlich wegen seiner körperlichen Kräfte
und wegen seiner spektakulären amourösen Abenteuer. Den nach seinem Tod aufgekommenen Bei-
namen »der Starke« verbindet mancher phantasie-
reich mit der Mär, August habe mit unzähligen
Mätressen 365 Kinder gezeugt. Belegt ist, daß aus
Friedrich Augusts Ehe mit Christiane Eberhardine von Brandenburg-Bayreuth ein Sohn (Friedrich
August II., 1696-1763) hervorging und daß er sich
zur Vaterschaft von acht Kindern bekannte, die aus
den Affären mit Gräfin Königsmarck, Fatima, Gräfin
Lubomirska, Gräfin Cosel und Henriette Renárd

stammen. Wahrscheinlich gab es noch einige weitere Geburten, auf keinen Fall aber so viele, wie das Jahr Tage hat.

In diesem Büchlein wird über insgesamt dreizehn Episoden berichtet. Damit dürfte wohl im wesentlichen der Rahmen gesteckt sein, in dem sich die Affären Augusts des Starken bewegten, wenn man von den Jugendjahren und seinem letzten Lebensjahrzehnt absieht. Erwähnenswert ist an dieser Stelle ein kurzes Liebeserlebnis, das der Kurprinz im Alter von knapp sechzehn Jahren mit einer Hofdame erfuhr. Kaum hatte die Beziehung begonnen, da kam auch schon Friedrich Augusts Mutter Anna Sophia hinter die Liaison. Im hohen Bogen warf die empörte Frau Mama die verführerische Hofdame aus dem Schloß. Nennenswert erscheint der Vorfall hier deshalb, weil die Sünderin einen Familiennamen trug, der achtzehn Jahre später erneut im Leben des Wettiners auftauchte und jetzt aber deutliche und langandauernde Spuren setzte – Brockdorff. Vermutlich hatte die Hofdame des Jahres 1686, Marie Elisabeth von Brockdorff, wenig gemein mit der 1680 geborenen Anna Constantia von Brockdorff, die 1704 die Bahn des Sachsen kreuzte und ihm als Gräfin Cosel bis zum Jahr 1712 vier Kinder schenkte, um dann in Ungnade zu fallen.

Es liegt in der Natur der Sache, daß die wiedergegebenen Affären nicht in allen Details belegt sein können. In einigen Fällen folgen wir dem Freiherrn Carl Ludwig von Pöllnitz und seinem Bericht von 1734 über das galante Sachsen; bei der Mehrzahl der Episoden mußten wir uns nicht auf seine Fabulierkunst verlassen.

D.N.

DIE MARQUISE VON MANZERA

*Z*U einem vom Scheitel bis zur Sohle vollendeten Edelmann sollte sich der junge Friedrich August entwickeln. Was dafür in der Dresdner Residenz getan werden konnte, lag zunächst in der Hand des Großvaters Johann Georg II., der bis 1680 regierte und in der Pracht seiner Hofhaltung kaum zu übertreffen war. So viele Eindrücke man dem jungen Burschen hier vermittelte, so war doch kein Zweifel daran, daß er ein Mann von Welt erst dann werden konnte, wenn er sich in eben dieser Welt umsah. Seit geraumer Zeit diente dafür die »Kavalierstour«, eine gut geplante Visite an wichtigen europäischen Fürstenhöfen. Selbstverständlich wurde auch für Friedrich August ein Reiseprogramm vorbereitet, das dieser bei weitem nicht nur programmgemäß auskostete!

Genau eine Woche nach Vollendung des 17. Lebensjahres, am 19. Mai 1687, wurden die Pferde vorgespannt, und ab ging die Reise, für deren Dauer drei lange Jahre veranschlagt waren. Als »Graf von Leißnigk« hielt sich Friedrich August mit den ihn begleitenden Herren für einige Monate am Hof des Sonnenkönigs Ludwig XIV. in Frankreich auf. Dem König wurde er durch Lieselotte von der Pfalz, die seit 1671 mit dem Bruder Ludwigs XIV. verheiratet war, »präsentiert«. Die zum Aufenthalt in Frankreich vorliegenden Berichte deuten auf keinerlei Eskapaden hin. Dann aber wurde nach Spanien wei-

tergereist. Im Weihnachtsmonat 1687 traf die Reisegesellschaft in Madrid ein, und hier nun kam es zu
einer Affäre, die für einiges Aufsehen über die Gren-
zen der Stadt hinaus sorgte.

Der junge Sachse, den erst die Nachwelt »den
Starken« nennt, hatte tatsächlich ungewöhnliche
körperliche Kräfte und dazu noch ein gehöriges
Temperament. So ist es nicht allzu verwunderlich,
daß sich der Siebzehnjährige nicht damit aufhielt,
bei einem der üblichen Stierkämpfe zuzusehen,
sondern selbst in die Arena stieg. Wenn man den Er-
zählungen trauen darf, dann ist er mit einem Hirsch-
fänger so wuchtig einem tobenden Stier angegan-
gen, daß er mit einem einzigen Stoß fast den Kopf
vom Rumpf getrennt hat. Dabei gab er eine so hervorragende Figur ab, daß die Damen der spanischen
Granden besonderen Gesprächsstoff hatten. Selbst
die Gemahlin König Karls II., Maria Anna, war dermaßen von der Geschicklichkeit und Anmut des
sächsischen Prinzen angetan, daß sie ihn – in allen
Ehren – für den Abend nach dem Stierkampf zu
sich bat.

Zur Audienz waren mehr als ein Dutzend Hofdamen versammelt, die mit mehr oder weniger ge-
tarnter Neugier den jungen Mann in Augenschein
nahmen. Maria Anna selbst war die Liebenswürdig-
keit in Person. So angenehm und fesselnd es für
Friedrich August auch sein mochte, von der Königin
mit Aufmerksamkeiten bedacht zu werden, so entging ihm doch nicht, daß eine der jungen Damen aus
ihrem Gefolge nicht nur bildschön war, sondern unter Erröten einige vielversprechende Blicke wagte.
Die junge Frau, es war die Marquise von Manzera,
wird kaum geahnt haben, was sie mit den paar offe-

nen Blicken fortan für ein Feuer entfacht hatte, in dessen Folge sie schließlich schon in kürzester Zeit jämmerlich umkommen sollte.

Zurückgekehrt in sein Gästehaus setzte Friedrich August Himmel und Hölle in Bewegung, um zu erfahren, wer denn das so schöne Geschöpf am Hofe sei. Die Auskunft erhielt er bald, dazu aber auch den Hinweis, die Marquise habe einen recht mißtrauischen und eifersüchtigen Ehemann und dazu eine gestrenge, tugendhafte Mutter, der als Oberhofmeisterin kaum etwas verborgen bleibe. Viele andere hätten wohl nun die Flinte ins Korn geworfen und sich weniger beschwerlichen Eroberungszügen zugewandt, doch für August bedeutete die Warnung, Öl ins Feuer zu gießen.

Was der junge Sachse zunächst noch nicht ahnte, war die Tatsache, daß die Marquise von Manzera, aus welchem Grund auch immer, eine selten stabile Festung an ehelicher Treue zu sein schien. Kaum hatte sie mitbekommen, daß der fremde edle Herr sich ihr nähern wollte, erschrak sie und versuchte, so gut es eben am Hofe ging, sich ihm zu entziehen. Doch wie ein Jagdhund auf der Fährte des aufgespürten Wildes eiferte August seinem Ziel entgegen. Verbündete, die ihn das Wild zutreiben wollten, waren nach einigen kräftigen Geldspritzen schnell gefunden. Allen voran marschierte ausgerechnet jene Person, die das uneingeschränkte Vertrauen der Marquise genoß, nämlich deren Kammerfrau Donna Laura. Die Zofe verstand es geschickt, ihrer Herrin immer und immer mehr von dem schönen Jüngling zu erzählen, und von Mal zu Mal konnte sie beim Weichklopfen der Festung ermutigende Fortschritte registrieren.

Es kam ein Tag, an dem der König und die Königin einen Ball gaben, den Maria Anna von Spanien mit dem Prinz von Sachsen eröffnete. Kaum war der erste Tanz vorüber, bat Friedrich August die Marquise von Manzera zur nächsten Runde. Gegenüber dem Ehrengast, der soeben noch ihre Herrin über das Parkett geführt hatte, wagte sie es nicht, abzulehnen. Was für eine großartige Gelegenheit, ihr die verführerischsten Dinge ins Ohr zu sagen. Wunderschöne Sätze voller Leidenschaft waren da aus dem Mund des Sachsen zu hören, doch leider nicht nur von der Angebeteten, sondern auch von deren Ehemann. Unter dem Zwang der Etikette hielt sich dieser zwar bis zur Tanzpause im Zaum, verbat aber dann strikt seiner Gemahlin, mit dem Prinzen weiterhin zu tanzen. Mit drohender Stimme formuliert und mit wildem Blick untermalt, glaubte er, eine sich anbahnende Episode ein für alle Mal abgeschmettert zu haben.

Doch nun war die Flamme auf die junge Hofdame übergegangen. Die jetzt noch notwendigen Manöver zur erfolgreichen Verführung beherrschte der Siebzehnjährige so souverän, als sei er schon ein langgeübter Haudegen auf dem Feld der amourösen Verlockungen. Zwei Briefe und zwei Verbündete, die schon genannte Kammerfrau Donna Laura und Stephano, ein als Bote wirkender Bettelmönch, tilgten bei Frau Manzera das letzte Quentchen an Standhaftigkeit. In dunkler Nacht, an einem höchst vertraulichen Ort und nur für ein Viertelstündchen – so die Nachricht von ihr – wolle sie den jungen Herrn empfangen. August vernahm diese Botschaft frohlockend wie eine vor der Tür stehende Siegesmeldung. Er sollte sich nicht getäuscht haben. Aus

dem nächtlichen Viertelstündchen wurden halbe
Stunden, und aus den halben Stunden viele volle,
und noch immer nicht wollten die turtelnden jungen
Leute voneinander lassen. Weitere Rendezvous
wurden verabredet; was für eine Lust, zu leben und
zu lieben!

Herr von Manzera ahnte vorerst nichts von den Vergnügungen seiner Frau. In jenen Wochen war er Tag und Nacht vor allem mit sich selbst beschäftigt, denn seit einiger Zeit plagte ihn das Zipperlein, das ihm immer öfter auch den Schlaf raubte. Als er wieder einmal zu nächtlicher Zeit nicht zur Ruhe fand und sich in den Räumen seines Palastes erging, machte er freilich einige Beobachtungen, die auf Herrenbesuche in den Gemächern seiner Gattin hindeuteten. Nun war der Argwohn geweckt, und es dauerte nicht mehr lange, bis er Gewißheit über die Untreue seines Weibes hatte. Marquis von Manzera raufte sich verzweifelt die Haare, um dann aber bald kühl nach Rache zu sinnen. Dem Liebhaber mußte der Garaus gemacht werden! Und wenn er es recht bedachte, hatte eigentlich auch die Ehebrecherin ihr Leben verwirkt. Dennoch, das Hauptübel war der Bursche aus Sachsen, mit dem war rigoros abzurechnen. Dafür gab es gegen gutes Geld mehr als genug verwegene Männer, die bedenkenlos zu Werke gingen. Die Mordbuben waren rasch gedungen, und nun wartete die Verschwörung auf eine günstige Gelegenheit, ihr blutiges Vorhaben auszuführen.

Als sich Friedrich August in einer der folgenden Nächte anschickte, zum Stelldichein aufzubrechen, rüstete er sich zwar wie immer mit Pistolen aus, aber er war sich auch sicher, solche Waffen bei dem reizvollen Scharmützel mit der Geliebten nicht einsetzen zu müssen. Die Pistolen retteten ihm das Leben, denn als er gerade die Gartenpforte zum Haus der Marquise öffnen wollte, stürzten einige Kerle auf ihn ein und versuchten, ihn niederzustechen. August reagierte blitzschnell und setzte sich verbissen zur Wehr. Obwohl er aber zwei Mordbuben nieder-

schoß und auf zwei weitere mit Bärenkräften ein-
schlug, mußte er doch seinen in der Nähe weilen-
den Kammerdiener von Vitzthum zur Hilfe rufen.
Vereint gelang es ihnen, die Attentäter in die Flucht
zu schlagen. Mit nicht wenigen Verletzungen im
Gesicht und am Körper und ziemlich stark blutend
schleppten sich die beiden Sachsen zurück in ihr
Domizil.

Der Vorfall blieb nicht unbemerkt. Wie ein Lauf-
feuer verbreitete sich die Nachricht von dem nächtlichen Überfall, ohne daß zunächst die Zusammen-
hänge bekannt waren. Marquis de Manzera konnte
es kaum fassen, daß der junge Edelmann noch am
Leben war. Zu allem Unglück trug man ihm schon
nach wenigen Stunden zu, daß inzwischen das
Gerücht kursiere, er, der Marquis, habe den An-
schlag auf Augusts Leben ausgelöst. Dafür gäbe es
unumstößliche Beweise. Der spanische Grande sah
sich verloren. Nun war er fest entschlossen, Vergel-
tung an seiner Gemahlin zu üben. Ohne auch nur
einen Augenblick zu zögern, stürmte er voller Zorn
in das Gemach seiner Frau und traf sie in Anwesenheit ihrer Kammerfrau Donna Laura, die inständig
um Vergebung für ihre Herrin bat. Das steigerte die
Wut des Ehemanns so sehr, daß er Laura nieder-
stach. Die Marquise zwang er, vor seinen Augen
tödliches Gift zu nehmen, das nach kurzer Zeit sein
Werk getan hatte.

Nun hätte sich notwendigerweise das Ende der
Affäre so bald noch nicht eingestellt, denn Justitia
war schon auf den Plan getreten. Doch ehe die Un-
tersuchungen richtig aufgenommen wurden, verstarb der Marquis. August aber kündigte seine
baldige Weiterreise an. Das Bedauern war allgemein

sehr groß. Selbstverständlich wurde er vom spanischen Hof mit kostbaren Geschenken überhäuft und begab sich über Paris nach Italien, einem neuen Abenteuer entgegen.

Die spöttische Lieselotte von der Pfalz urteilte nunmehr über August: »Paris hat ihn ganz verdorben«. Lieselotte irrte – schon in Madrid hatte der jugendliche Charmeur fast ausgelernt!

FRAU MATHEI

$\mathcal{D}$ER Februar oder –
wie man zu jenen Zeiten sagte – der Hornung des
Jahres 1689 war in Venedig ein ungewöhnlich milder
Monat. Der Frühling lag nicht nur in der Luft, sondern er hatte schon an Bäumen und Sträuchen Zeichen in Form von prallen Knospen gesetzt, die nur
noch auf einen Wink der Natur zu warten schienen,
um sich in voller Pracht zu entfalten. Das schöne
Wetter ließ auch den Karneval noch fröhlicher als
gewöhnlich ablaufen, die Festlichkeiten waren üp-
piger denn je, die Damen und Herren der feinen Gesellschaft lebten seit Wochen wie in einem Rausch.
Da wollte es gar nicht in das Bild passen, daß Christian August von Haxthausen, Hofmeister des sächsischen Prinzen, von Tag zu Tag gramvoller drein-
schaute, so, als bedrücke ihm eine galoppierende
Krankheit. Der junge August war nicht der Mann,
dem solcherart Veränderungen bei einer Person seines Gefolges ins Auge fiel, zumal der Wettiner von
früh bis spät davon beansprucht war, das pralle Leben in vollen Zügen auszukosten. Tagsüber erging
er sich in artiger Gesellschaft und übte sich darin,
Kavalier zu sein, abends und zur Nachts wurde in
vollen Zügen der Sinneslust gefrönt. Die Jüngeren
unter der männlichen Lebewelt Venedigs probierten
ausgelassener als je zuvor, wie aufreizend und er-
quickend jene Damen waren, die als standesgemäße,
noble Buhlerinnen wirkten. So oft es irgend ging,

traf man sich also in den vornehmen Häusern der Wonne, und auch August war ein von den Schönen gern gesehener, weil gut zahlender Gast.

Die Kurtisane Trompertina, ob ihrer erotischen Raffinessen berühmt und wegen ihrer hohen Honorarforderungen überaus angesehen, war zunächst jene Dame, die dem Wettiner unendlich viele Schäferstündchen zelebrierte. Dann freilich machten weitere kundige Geschöpfe mit ihren körperlichen Reizen auf sich aufmerksam. Solcherart Zeichen nicht zu übersehen, dafür war August der rechte Mann, und er griff – auch im wörtlichen Sinn – mit beiden Händen beherzt zu.

Hofmeister von Haxthausen hatte immer noch gehofft, sein junger Herr werde sich an ihn wenden, um sich nach der Ursache der sorgenvollen Miene zu erkundigen, doch die Erwartung erfüllte sich nicht. Nachdem ein paar weitere Tage verstrichen waren, ohne daß der junge Mann aufmerksam wurde, meinte Haxthausen, nicht noch weiter zögern zu dürfen und ersuchte um ein gewichtiges, sehr ernsthaftes Gespräch. Das wurde ihm unkompliziert im Handumdrehen gewährt, zumal der junge Sachse nun doch das kummervolle Gebaren bemerkt hatte und neugierig rätselte, was da wohl los sein könnte.

Es ging um Geld, und zwar um jenes, das August mit viel zu vollen Händen ausgab. Dem Hofmeister Haxthausen war als Schatzmeister vom Dresdner Hof ein monatliches Limit vorgegeben, und das drohte nun ausufernd überzogen zu werden. Derweil die Ausgaben, so dozierte der sich fast in Rage redende Haxthausen, während des über mehr als ein Vierteljahr gehenden Aufenthaltes in Paris und Versailles erheblich unter dem gesetzten Rahmen von monatlich 2000 Talern geblieben waren, kündigte sich für Venedig das Gegenteil an. In Frankreich, so teilte der Hofmeister zwar mit aller Vorsicht und hochgeschrobener Höflichkeit, aber doch unmißverständlich mit, habe Durchlaucht mit einem Handgeld von 50 Talern im Monat sein Auskommen gehabt, hier aber werde unentwegt nach mehr verlangt, was man an anderer Stelle kaum einsparen könne.

Friedrich August wollte fürs erste aufbrausend Herrn von Haxthausen in die Schranken verweisen, hielt sich aber dann doch zurück und wurde nachdenklich. Eigentlich war ihm in letzter Zeit schon in den Sinn gekommen, daß sich keine der ihm momentan gewogenen Damen mit Leib und Seele einbrachte, der Korpus stand zwar zur Verfügung, doch das Innerste der Weibspersonen war auf sein Geld aus und auf sonst nichts. Ja, dem braven Haxthausen war zu danken. Das allerdings brachte August nun doch nicht über seine Lippen, sondern er murmelte einige nichtssagende Sätze und beendete die Audienz.

Dennoch, die Unterredung zeigte Wirkung. Fortan, so nahm er sich vor, wollte er den geldgierigen Tempeln der Lust den Rücken kehren und auf eine wahrhaftige Geliebte hoffen. Wer weiß, ob der stürmische Wettiner sich tatsächlich standhaft wider die venezianischen Kurtisanen verhalten hätte, wenn ihm nicht der Zufall schon während der nächsten Tage zu Hilfe gekommen wäre. Der glückliche Zufall hieß Frau Mathei.

Die feinsinnige und sehr romantisch veranlagte Bürgersfrau hatte sich bis über beide Ohren in den schönen und kraftvollen Fremden von jenseits der

Alpen verliebt. Allen Bedenken zum Trotz faßte sie sich ein Herz, schrieb August ein Billett, bekannte ihre tiefe Verehrung und bat um ein Rendezvous. Ein Gondoliere war wie so oft der Sendbote. Als der Sachse das Schreiben empfangen und gelesen hatte, war er zunächst unentschlossen. Während ihm noch vor Zeiten solche Bekenntnisse nicht nur schmeichelten, sondern zu spontanen Zusagen veranlaßten, zögerte er jetzt. August hatte inzwischen seine Welt insofern begriffen, als er sehr wohl gelernt hatte, einen Herrn so edlen Geblüts, wie er es war, hatte eine Bürgersfrau nicht einfach zum Stelldichein zu laden. Was ihn schließlich davon abhielt, den Brief achtlos wegzuwerfen, war die ungewöhnliche Schreibweise der Absenderin. So gefühlvoll hatte bisher noch keine der Damen zu formulieren verstanden, wer so schwärmerische Worte so überzeugend verknüpfte und ihm dedizierte, mußte einfach neugierig machen. August entschloß sich, der Einladung zum abendlichen Rendezvous zu folgen.

Als die Nacht heraufzog, begab sich der junge Sachse auf den Weg. Ein kundiger Gondoliere stakte ihn durch mal schmälere, dann wieder etwas breitere Kanäle, um schließlich vor einem gedrungen wirkenden Gebäude anzulegen. Das sei, so vermeldete er, das Haus des Kaufmanns Mathei. Hier nun sollte, so war es August mitgeteilt worden, die Tür unverschlossen sein und ihn schnurstracks in die Arme der Hausherrin führen. Wie er nun voller Tatendrang die Pforte aufdrücken wollte, stellte er verblüfft und sofort ein wenig ärgerlich fest, daß der Riegel vorgelegt war. August rüttelte nochmals, jetzt schon mit der Kraft des aufkommenden Zorns, da hörte er aus dem offenstehenden Fenster über der

Tür einen verhaltenen Ruf. Sein Blick fiel auf eine
verhüllte Frauengestalt, die sich als Frau Mathei zu
erkennen gab und ihn inbrünstig beschwor, er möge
doch für heute Nacht von dem Stelldichein abse-
hen, da der Hausherr leider nicht wie gedacht auf
Reise gegangen sei. Wortlos, aber innerlich kräftig

fluchend, machte der junge Mann kehrt und sprang mit einem kräftigen Satz in die zum Glück noch bereitstehende Gondel. Für ihn, so resümierte er wütend, war das Abenteuer ein für alle Mal zu Ende, auch wenn es noch gar nicht begonnen hatte. August täuschte sich – das Abenteuer kam doch zustande und verlief so, wie er es bisher noch nicht erlebte.

Einige Tage nach der mißglückten Verabredung räkelte sich der sächsische Prinz noch in seinem Bett, als es zaghaft an der Tür zu seinem Schlafgemach klopfte. Der junge Mann knurrte zustimmend Einlaß. Der Diener meldete, da sei eine Frau, die Durchlaucht zu sprechen wünsche und um nichts in der Welt abzuweisen wäre. Wie sie denn aussähe, interessierte sich August, doch mit einer Antwort konnte der Lakai leider nicht dienen. Sie sei verschleiert und wenig von ihr zu erkennen, die Stimme jedenfalls klänge jung und lieblich. »Herein mit ihr«, so der Befehl, der dazu führte, daß Frau Mathei – denn um die handelte es sich – nun doch ihr Rendezvous mit dem ziemlich überraschten Wettiner hatte.

Die Begegnung im Schlafzimmer verlief, und auch das gehört zu den Besonderheiten der Affäre, nicht nur brav und gesittet, sondern in einem so noch nicht erlebten anspruchsvollen geistigen Klima. Daß Frau Mathei nicht zum Lüften des Gesichtsschleiers zu bewegen war, geschweige denn zu mehr, empfand August als kokette Herausforderung. Daß sich die junge Frau aber nach einigen einleitenden Erklärungen ihrer Zuneigung rasch der Verse italienischer Poeten bediente, um damit ihre Ergebenheit auszudrücken, verwirrte ihn über alle

Maßen. Geschlagene zwei Stunden lang deklamier-
te die Verliebte aus der »Floridante« des Bernar-
do Tasso, und als dann August meinte, jetzt endlich
könne man zur Sache kommen, wandte sie sich dem
berühmteren Sohn Torquato zu und hob von neuem
unter mancherlei Seufzen mit dem Zitieren an.
Draußen vor der Tür stand die Dienerschaft bereit,
das Frühstück zu reichen, doch kein Zeichen gebot
Einlaß. Vielsagend, mit einem verständnisvollen
Lächeln auf den Gesichtern, sahen sich die Domesti-
ken an – ihr Herr würde wohl im Augenblick sehr
beschäftigt sein und sich an anderen Dingen laben.
Dem freilich schwirrte der Kopf, und als Frau Mathei aus Torquato Tasssos Schäferspiel »Aminta« vor-
trug und mit Stimme und Gestus die Wirkung noch
zu steigern versuchte, war er von der Schönen so
betört, daß er wie ein artiges Hündchen der Dame
das weitere Handeln überließ. Ohne daß es auch nur
die geringste körperliche Annäherung gegeben hatte, beendete Frau Mathei endlich erschöpft die geistigen Ergüsse und erklärte, morgen schon könne
der junge Herr zu ihr kommen.

Am nächsten Tag bereitete sich der Sachse sorg-
fältig auf die erneute Begegnung vor. Dazu gehörte
auch der Blick in die ihm weitgehend unbekannte
venezianische Literatur, denn sein Ehrgeiz gebot
ihm, gegenüber der ungewöhnlichen Frau nicht als
ungebildet zu erscheinen. Diesmal allerdings konnte August zeigen, was in ihm steckte, denn jetzt
nahm das Stelldichein den gewöhnlichen Verlauf.
Zwar trat ihm Frau Mathei erneut tugendsam verschleiert entgegen, doch der Schleier fiel bald und
mit ihm die Kaufmannsfrau.

Mehrere Wochen lang gehörte nun der Besuch im

Haus in der Merceria zu den Vergnügungen des Wettiners. Da die Hausherrin durchaus ihre Vorzüge hatte, fand sich August damit ab, immer wieder einmal epische Höhenflüge der Geliebten zu erdulden. Als die Affäre mit der Rückkehr des Ehemanns zu Ende ging, sah das der Liebhaber nicht als Unglück an, denn allmählich war nicht nur die Dichtkunst langweilig geworden.

FRÄULEIN VON KESSEL

IM Jahr 1693, áls 23jähriger also, vermählte sich Friedrich August mit Christiane Eberhardine von Brandenburg-Bayreuth. Ein Jahr darauf, im Juli 1694, wurde er Kurfürst von Sachsen. Er war damit Landesherr von weit mehr als einer Million Frauen, Männern und Kindern, die mit ihren Steuern dafür sorgten, daß die Kassen bei Hofe immer wieder gut gefüllt wurden, um ein angenehmes Leben führen zu können. August selbst strotzte vor Kraft und Gesundheit – was also fehlte noch zum Glücklichsein? Der junge Herr, hätte man ihm diese Frage gestellt, wäre um eine Antwort nicht verlegen gewesen; Ehefrau hin und Ehefrau her, was zum rechten Glück noch ausstand, war eine Mätresse.

Die Mutter Friedrich Augusts hatte sich mit mehreren schönen Hofdamen umgeben, u.a. mit einem Fräulein von Kessel. Die junge Dame war auffällig gut gewachsen, fast so groß wie der Kurfürst, brünett und verfügte über ein Augenpaar, das vor Feuer nur so blitzte. Sie war einfach nicht zu übersehen, und schon gar nicht von einem Mann wie dem Potentaten, der allezeit einen empfänglichen Sinn für das schöne Geschlecht hatte. August spach das junge Ding an und verwickelte das Mädchen in ein Gespräch, das ihn vollends verzückte. Die Hofdame hatte nicht nur eine wohlklingende Stimme, sondern offenbarte dazu noch geistvollen Charme. Einmal Feuer gefangen, gehörten in den nächsten Tagen die Besuche bei der Kurfürstinmutter zum feststehenden Programm.

Fräulein von Kessel war bald klar, daß dem Kurfürst nicht zuerst daran lag, mit ihr geistvoll zu plaudern, sondern daß er ein Liebesverhältnis anstrebte. Nun war sie darüber nicht entzückt, denn auch, wenn ihr der Mann mit seinen für damalige Verhältnisse stattlichen 176 cm Körpergröße, seiner kräftigen Muskulatur und seinem frischem Gesicht ausnehmend gut gefiel, so war er doch in die heiligen Sakramente der Ehe eingebunden. Die Kessel beschloß, ihm tunlichst aus dem Weg zu gehen. August verwunderte sich zwar etwas über das ausweichende Verhalten der Hofdame, doch Grund zum Grübeln war das für ihn keineswegs. So viel hatte er schon von dem amourösen Hebelwerk begriffen, daß er sofort Rat wußte – die Festung war mit Geschenken zu durchlöchern.

Der Kurfürst begab sich flugs an den Schreibtisch und verfaßte einen Brief, den Fräulein von Kessel wegen der mehr als eigenwilligen Rechtschreibung freilich nur mühsam entziffern konnte, aber zumindest bekam sie zweierlei mit – August bat, sie möge ihm doch nicht fliehen, und vor allem aber kündigte er einen nennenswerten Batzen Geld als Präsent an. Das Geld wies das junge Mädchen nicht zurück – so standhaft war es nun auch wieder nicht –, aber ihr Herz hielt sie immer noch verschlossen.

Zwar bedankte sie sich während der nächsten Begegnung artig für die ihr erwiesenen Aufmerksamkeiten, doch die Bitte nach einem Treffen am einsamen Ort schlug sie ab.

Christiane Eberhardine von
Brandenburg-Bayreuth.

Nun war für den Kurfürsten guter Rat teuer. Wie,
sollte er jetzt zum Zuge kommen, ohne das Gesicht
zu verlieren? Gottlob Adolph von Beichling, Page
Friedrich Augusts von Kindesbeinen an und seither
Mann seines Vertrauens, wurde konsultiert. Der
fühlte sich über alle Maßen geschmeichelt, in einer
so delikaten Angelegenheit um Rat gebeten zu werden, doch fürs erste fiel ihm keine hilfreiche Ant-

wort ein. Er mußte also seinen jungen Herrn um ein wenig Geduld ersuchen. Die Lösung kam schneller als erwartet, denn Beichling konnte erfahren, daß die Hofdame für einige Tage das quirlige Dresden verlassen und einen ruhigeren Platz aufsuchen würde. Frau von Friesen, eine Dame aus einem hochangesehenen sächsischen Adelsgeschlecht, hatte zwei Meilen vor den Toren der Residenzstadt inmitten prächtiger Wälder ein Landgut, und eben dorthin begab sich die Kessel. Beichling schlug dem Kurfürsten vor, in jener Gegend auf die Pirsch zu gehen, und da ließe es sich wohl einrichten, daß er ganz nebenbei auch auf die Fährte Fräulein von Kessels gerate. Gern, ja geradezu begeistert, nahm August die Anregung auf und machte sich mit Herrn von Beichling zum gegebenen Zeitpunkt auf den Weg.

Tatsächlich war das Glück auf der Seite des Kurfürsten. Ohne daß es besonderer Patrouillen bedurft hätte, stieß er unweit des Landgutes auf eine einsame Spaziergängerin, die sich als die Dame seines Herzens herausstellte. Das junge Mädchen war mehr als überrascht, als urplötzlich neben ihr ein Reiter auftauchte und sie in ihm den Landesherrn erkannte. Doch schnell gewann sie die Fassung wieder, und sie versuchte, so unverfänglich zu plaudern, als sei eine solche Begegnung mitten im grünen Wald die natürlichste Sache der Welt. Nun war zwar Augusts Wunsch nach einer Begegnung an einsamen Ort erfüllt, aber die unbekümmerte Reaktion Fräulein von Kessels nahm ihm irgendwie den Schwung, so daß auch er brav Konversation betrieb. Harmlose Gespräche führend, traf das Paar im Gutshaus ein, wo die ebenfalls verblüffte Frau von Friesen sich für den ehrenvollen Besuch bedankte und zum Essen einlud. Selbstverständlich wurde die Einladung gern angenommen, und nun fand sich für den Kurfürsten doch noch reichlich Gelegenheit, die Hofdame zu umgarnen und seine Liebe zu beteuern. Dennoch, wie sehr sich August auch mühte, eine ermutigende Reaktion zu erreichen, die Schöne schien wie ein Fels in der Brandung fest in ihrer Abweisung zu bleiben.

Der Schein trügte. Die schmeichelnden Worte des Charmeurs hatten durchaus Wirkung erzielt. Zurückgekehrt in das Dresdner Schloß, bedurfte es lediglich noch eines weiteren Zusammentreffens des leidenschaftlichen Kurfürsten mit der melancholischen Hofdame, damit eine stürmische Affäre begann, die trotz zunächst ernsthafter Bemühungen um Geheimhaltung bald öffentlich wurde. Über kurz oder lang erfuhren auch Christiane Eberhardine, Augusts Gemahlin, und Anna Sophia, die Herrin Fräulein von Kessels, von der Liaison. Die Ehefrau und deren Schwiegermutter gerieten vor Empörung außer sich. Allerdings richtete sich der Zorn kaum auf den Sünder, sondern traf mit aller Wucht das junge Mädchen. Dutzende von Maßnahmen wurden erörtert, angefangen von der Einweisung in eine Besserungsanstalt bis hin zur Verbannung. Zum Schluß fand man eine Lösung, in die schließlich auch August und seine Geliebte einwilligten – Fräulein von Kessel wurde kurzerhand verheiratet. Ihren Ehemann, Feldmarschall von Haugwitz, versetzte man samt Gattin als Gouverneur nach Wittenberg, und damit war die Welt am kurfürstlichen Hof wieder in den gewohnten Fugen.

AURORA VON KÖNIGSMARCK

$\mathcal{A}$M 11. Juli 1694 erdröhnten alle Glocken der Residenzstadt Dresden. Sie begleiteten mit ihrem Klang den Untertaneneid, den die Abgesandten des Adels und der Bürgerschaft ihrem jüngst gekürten Landesherrn Friedrich August I. ablegten. Die folgenden Wochen waren prall gefüllt mit Aufgaben, die dem jungen Kurfürsten noch wenig vertraut waren und ihn in Atem hielten. Ausgerechnet in jene Zeit voller Anspannung fällt die Bekanntschaft mit einer Frau, die Augusts erste offizielle Mätresse werden sollte – mit der damals 26jährigen Marie Aurora von Königsmarck.

Aurora stammte aus einer alteingesessenen brandenburgischen Adelsfamilie, die sich während des Dreißigjährigen Krieges zu den Schweden geschlagen hatte. Die Gräfin von Königsmarck lebte jetzt aber wieder im Land der deutschen Vorfahren, und zwar im Haus ihrer in Hamburg verheirateten Schwester. Daß sie sich im August 1694 für drei Tage in eine schlecht gefederte Kutsche setzte und die beschwerliche Reise nach Dresden unternahm, hatte nicht im geringsten mit der Anziehungskraft Augusts des Starken auf das schwache Geschlecht zu tun, sondern Aurora hoffte, der Kurfürst könne ihr bei der Suche nach ihrem verschwundenen Bruder helfen. Ihren Optimismus schöpfte sie daraus, daß August seit seinem Aufenthalt in Venedig den jungen Königsmarck nicht nur gut kannte, sondern mit ihm damals so manches auch jetzt noch verbindende Abenteuer erlebt hatte.

Der gestresste Kurfürst war keineswegs begeistert, als ihm die Bitte um Audienz angetragen wurde. Immerhin hatte die Königsmarck insofern die Situation richtig eingeschätzt, als ihr Wunsch nach Anhörung eingedenk Augusts früherer Freundschaft mit ihrem Bruder nicht von vornherein abgeschlagen wurde. Schon bald, so vernahm sie, würden Durchlaucht so gnädig sein, ihr Gehör zu schenken. Und tatsächlich, kaum waren ein paar Tage vergangen, da wurde sie in das erste Obergeschoß des Schlosses gerufen, um sich hier für die Audienz bereitzuhalten.

August hatte, wie inzwischen schon üblich, in den sehr frühen Morgenstunden mit der Erledigung seiner Regierungsgeschäfte begonnen. Da gab es Beratungen zur Vorbereitung der Landtagssitzung, die im September stattfinden sollte, über Beschwerden mußte entschieden werden, und der in nächster Zeit anstehende Besuch der Messe in Leipzig war zu erörtern. Solche und ähnliche Vorgänge hatten den Kurfürsten schon ein wenig ermüdet, als Gräfin von Königsmarck und ihr Anliegen als eine der letzten Pflichten des heutigen Vormittags aufgerufen wurde.

Aurora war eine ungewöhnlich schöne Frau. Dieser Tatsache und ihrer anziehenden Wirkung auf die Männerwelt war sie sich durchaus bewußt, doch als sie jetzt mit vor Eifer durchglühtem Gesicht vor dem sächsischen Kurfürsten stand, lag ihr jede Koketterie fern. Ihr Sinnen richtete sich allein darauf, bei August Unterstützung für die Suche nach ihrem Bruder zu erwirken. Der freilich hörte kaum auf die

Worte, die auf ihn einströmten. Zu sehr war er von der Schönheit der Schwedin gebannt, die er später einmal stolz als seine »Göttin der Morgenröte« präsentieren wird. So weit war es aber noch lange nicht, denn im Moment stand im lediglich eine Bittstellerin gegenüber. August blickte wie gebannt auf die hübsche und dazu offenbar noch geistreiche Frau. Nur Wortfetzen drangen ihm ins Bewußtsein, und als die Gräfin ihr Anliegen vorgetragen hatte und auf Antwort wartete, hatte er Mühe, die Situation zu meistern. Scheinbar über das Anliegen nachsinnend, lehnte sich der Kurfürst im Audienzstuhl zurück. Aurora registrierte hoffnungsvoll, daß sich der Herr aller Sachsen wohl anschickte, über Hilfe zu befinden. August allerdings hielt sich keinen Augenblick damit auf, die mögliche Unterstützung zu bedenken; was ihn intensiv beschäftigte, war die Frage, wie er möglichst rasch das Herz der schönen Frau erobern könne. Im Moment fand sich keine Antwort, so daß er zunächst einmal bat, die Gräfin möge weiterhin am Hofe verweilen, er werde das Anliegen wohlwollend prüfen und bald von sich hören lassen.

Fürs erste setzte August bei seinem Eroberungsfeldzug auf seinen männlichen Charme. Er müsse nur, so überlegte er, viele Gelegenheiten des Zusammentreffens mit Aurora von Königsmarck arrangieren, dann würde sie seiner Anziehungskraft unterliegen. Der Kurfürst irrte. So oft sich auch die beiden begegneten, das Verhältnis der Schwedin zu dem Sachsen entwickelte sich nicht wie von August geplant. Daß sich die Dinge anders gestalteten als gewünscht, dämpfte das Verlangen nach der charmanten Dame nicht. Im Gegenteil, je unbeeindruck-

Aurora von Königsmarck.

ter sich Aurora gab, um so mehr wurden Ehrgeiz und Eroberungsgier des Kurfürsten angestachelt. Auch wenn es ihm nicht leichtfiel, jetzt schien nur noch ein kräftiger Griff in die Schmuckschatullen zu helfen. Gedacht, getan. Friedrich August überhäufte Marie Aurora mit einer Fülle auserlesener Kleinode aus Gold, Smaragden, Rubinen und Perlen, um deren Herz zu brechen. Das war das Mittel zum Sieg. Viel schneller, als nach dem hartnäckigen Widerstand der letzten Wochen vorauszusehen war, erlag die Gräfin dem Werben des Kurfürsten und vergalt ihm seine Geschenke mit stürmischen Liebesnächten. Der Umzug aus einem der Gästezimmer in ein nobles Appartement und die fortan hier regelmäßig stattfindenden Besuche des Landesherrn signalisierten, August gönnte sich eine Mätresse! Dieser einen werden in den folgenden Jahren noch viele weitere folgen – ein Vorgang, der durchaus zum selbstverständlichen Schick bei Hofe gehörte.

Die Affäre endete wie im allgemeinen üblich, also damit, daß sich der Potentat einer anderen Dame zuwandte. Hinsichtlich Aurora von Königsmarck ist aber von einer Besonderheit zu berichten. Zwar war bald schon das amouröse Interesse Augusts an der Schwedin und damit die Zeit der Geschenke vorbei, doch die Mätresse hatte vorgesorgt. Noch zur Hochzeit der Lust miteinander rang Aurora dem Kurfürsten die Zusage ab, er werde sie im Stift zu Quedlinburg als Äbtissin einsetzen. Als gegen Ende der Liaison das Versprechen eingelöst werden sollte, gab es ein schwerwiegendes Hindernis. Die Königsmarck, vorgesehen als Aushängeschild eines reichsunmittelbaren Stifts von Damen, die das Gelübde der Keuschheit abgelegt hatten, war schwanger! Sie kam am 28. Oktober 1696 mit einem Sohn nieder, den sie Moritz nannte und der übrigens später eine glanzvolle Karriere hatte. Aurora ist niemals Äbtissin geworden, aber ihr Heil fand sie dennoch im Schoß der Kirche. Von den einstmals erhaltenen Juwelen und ihrem Wohlstand war kaum noch eine Spur verblieben.

GRÄFIN VON ESTERLE

$\mathcal{K}$AISER Leopold I. erhielt im Mai 1696 von August dem Starken eine hochwillkommene Nachricht: Der Kurfürst bot an, im Kampf gegen die Türken mit sächsischen Truppen zu helfen. Dem Angebot wurde entsprochen – August kassierte übrigens für seine Unterstützung 400000 Taler »Subsidien« (Hilfsgelder) –, und der gerade 26 Jahre alt gewordene Sachse bekam den Oberbefehl über die kaiserlichen Truppen. Der Feldzug ging bald zu Ende. Nach dem nicht sonderlich ruhmreichen Scharmützel hielt sich der Befehlshaber noch für einige Wochen in Wien auf. Hier nun zog der wackere August erneut in die Schlacht, zwar nicht mit Säbel und Pistole, sondern mit Anmut und Charme. Besiegt werden sollte eine Dame namens Maximiliane Hiserle von Chodau, genannt Gräfin Esterle.

Der Kurfürst war zu einem Ball geladen. Auch wenn gegen Ende des 17. Jahrhunderts die Feste am Wiener Hof noch nicht jenen Glanz hatten, den dann die folgenden Jahrzehnte mit ihren prunkvollen Theateraufführungen als Kulminationspunkte der Lustbarkeit mit sich brachten, so ließ sich doch August solche Geselligkeiten nicht entgehen. Als er sich an dem bewußten Abend auf den Weg machte, stand es mit seiner Stimmung dennoch nicht zum besten. Soeben hatte er vernommen, daß er gleich zweimal Vater werden würde, denn sowohl seine

Ehefrau Christiane Eberhardine als auch seine offizielle Mätresse Aurora von Königsmarck waren im selben Monat schwanger. Das zu erwartende zeitliche Zusammentreffen beider Geburten schien nicht sonderlich angenehm, und er erwog, nach Möglichkeit über den Zeitpunkt der Entbindung hinaus in Österreich zu verbleiben.

Bis zur Einfahrt der Karosse in das Schloß – der Potentat genoß natürlich das Privileg, erst am inneren Hof aussteigen zu müssen – war August gedanklich noch im heimatlichen Dresden. Dann aber galt seine volle Aufmerksamkeit den zahlreichen Personen von Rang und Namen, die in Erwartung einer rauschenden Ballnacht versammelt waren. Laut und deutlich vernahmen sie aus dem Mund des Zeremonienmeisters, Seine Durchlaucht, Kurfürst Friedrich August von Sachsen, beehre die Gesellschaft mit seiner Anwesenheit. Der freilich nahm das beifällige Raunen vor allem der noblen Damen schon nicht mehr wahr, denn er hatte ein Geschöpf entdeckt, das nahezu explosiv alle seine Sinne band, Gräfin von Esterle. Die wohl noch sehr junge Frau wirkte auf ihn wie eine wunderbare Pflanze, die sich just in diesem Augenblick in voller Schönheit entfaltet hat und nur dazu geschaffen schien, alle Welt zu verzücken. Nun stand der Entschluß fest; er würde vorerst nicht zurück nach Sachsen reisen, sondern in Wien verweilen und nach Leib und Seele der hübschen Frau greifen.

Die Esterle wußte vom Hörensagen nur allzu gut, daß August der Starke kein Kind von Traurigkeit war und nicht an Herzdrücken litt, wenn er einer Dame gegenüberstand. Als er sich ihr nun genä-

Gräfin von Esterle.

hert und seinen Gruß entboten hatte, war sie doch überrascht, wie unbeholfen der junge Kurfürst wirkte. Selbst die gängigsten Floskeln wollten nicht gelingen und kamen nur stockend aus dem Mund des Sachsen. Um so beredter war freilich die Sprache seiner Augen, die ein Feuerwerk an Begehrlichkeit versprühten. Auch August registrierte, daß er sich wie von Sinnen gebärdete und nicht zu der höflich-oberflächlichen Gelassenheit fand, die ihn sonst schon längst zu eigen war. Jetzt half nur die Flucht nach vorn, und ohne weitere Umschweife, feurig und zärtlich zugleich, bekannte er, sich in sein Gegenüber verliebt zu haben. Die Esterle quittierte sein Geständnis mit eher nichtssagenden Worten;

für den Rest des bis zum Morgengrauen andauernden Festes wich sie dem jungen Mann so gut es ging aus. Die Ursache ihrer Zurückhaltung war nicht etwa darin zu suchen, daß sie von August unbeeindruckt war. Der Sachse gefiel ihr durchaus, und schmeichelhaft war es allemal, von einem so einflußreichen Herrn umworben zu werden. Das Problem bestand darin, daß ihr Ehemann anwesend war und schon argwöhnisch äugte, was sich da wohl anbahnen könnte.

August, jetzt voller Kampfeslust, ließ in den nächsten Tagen nicht nach, die weibliche Festung zu stürmen. Ein Brief voller leidenschaftlicher Bekenntnisse und – natürlich – kostbarer Schmuck vom ersten Goldschmied am Platz, klopften das Bollwerk zumindest so weich, daß ihm ein Rendezvous eingeräumt wurde. Nunmehr, da war sich der Verliebte vollkommen sicher, waren die Würfel zu seinem Gunsten gefallen. Er irrte sich nicht, der abendliche Besuch zog sich bis zum Sonnenaufgang hin und gestaltete sich so, wie es der erfahrene Charmeuer vorausgesehen hatte.

Einige weitere Tage und Nächte vergingen mit einer Vielzahl stürmischer Stunden. Dann geschah etwas, was sich für die Esterle zunächst als Skandal darstellte, dann aber dazu führte, daß sie in den Rang einer offiziellen Mätresse erhoben wurde. Das Geschehnis: Graf Esterle ertappte das Paar beim Liebesspiel. Die zwar kluge, aber in derartigen Dingen noch wenig erfahrene Gräfin glaubte sich am Ende des so reizvollen Abenteuers, doch sie täuschte sich gewaltig. Durch einen Vertrag, den August mit dem Grafen schloß, erklärte sich dieser für ein nicht zu knapp bemessenes Salär bereit, auf seine Rechte als Gatte zu verzichten, und falls sich aus der Beziehung mit dem Kurfürsten Kinder einstellen sollten, würde er diese als die seinigen anerkennen. Nun war die Bahn frei, um sich auch in der Dresdner Residenz frei und ungezwungen bewegen zu können. August reiste in Begleitung seiner neuesten Errungenschaft zurück an die Elbe. Gräfin Esterle wurde hier zwar unvoreingenommen empfangen und als Geliebte des Landesherrn rundherum eingeladen, aber je länger sie am Hofe verweilte, umso mehr wuchs die Zahl ihrer Gegner – die junge Frau galt als hochmütig und verschlagen. Dieser Charakterzug prägte sich noch aus, nachdem sie von August in offizieller Mission mit nach Krakau genommen wurde, um ihn hier am 15. September 1697 bei der Krönung zum König von Polen zu bewundern.

Der Kurfürst, der sich nunmehr als gekröntes polnisches Oberhaupt August II. nannte, reiste nach der Zeremonie mit seiner Mätresse nach Warschau. Hier nun vollendete sich das Schicksal der Esterle an der Seite des Monarchen schneller als erwartet. Zunächst hielt es die Gräfin für geraten, Graf Jacob Heinrich von Flemming, ein Mann von dreißig Jahren und wohl engster Vertrauter des Kurfürsten, zu umgarnen und ihn zu einem Schäferstündchen zu bewegen. Es muß dahingestellt bleiben, ob der so gehörnte August die Beziehung zwischen den Beiden mitbekam und sie mit Rücksicht auf den ihm wichtigen Flemming duldete. Als jedoch die Esterle auch noch mit dem polnischen Fürsten Wiesnowski zu Bett ging, war das Maß voll. Der König forderte sie auf, schleunigst das Weite zu suchen. Widerspruchslos verschwand die Gräfin und ward von August nimmermehr gesehen.

$\mathcal{D}$ER Große Krieg zwischen Österreich und der Türkei wütete fast drei Jahrzehnte lang. Inmitten der Kriegswirren wurde einer Türkin ein Mädchen geboren, das sie Fatima nannte. Als man endlich 1699 in Karlowitz Frieden schloss, war Fatima 18 Jahre alt. Trotz ihrer Jugend lag ein auch für damalige Zeiten abenteuerliches Leben hinter ihr.

Als Kind wurde sie »Beute« der kaiserlichen Armee, als diese die Türken aus Buda vertrieben. Das offensichtlich elternlose Mädchen rief wohl das Mitleid Hans Adams von Schöning hervor, der als Generalleutnant im Heer des brandenburgischen Kurfürsten diente. Schöning, der sich später mit den Brandenburgern überwarf, nach Sachsen ging und hier zum Generalfeldmarschall avancierte, nahm das etwa sechsjährige Kind mit nach Berlin. Hier nun wurde Fatima durch die heilige Taufe zur Christin gemacht und einer entsprechenden Erziehung anheimgestellt. Besonders engagierte sich eine junge Aristokratin aus dem Hause Flemming für die Entwicklung des türkischen Mädchens. Als sich Fräulein von Flemming nach Polen verheiratete, bot sie ihrem nun längst flügge gewordenen Schützling an, sie nach Warschau zu begleiten. Selbstverständlich entsprach die mittellose Fatima dem Anerbieten.

Nach der 1697 erfolgten Inthronisation Augusts zum König von Polen weilte dieser häufig in der Re-

Fatima.

sidenzstadt. Die dunkelhaarige, etwas exotisch an-
mutende Schönheit Fatima fiel ihm schon ins Auge,
als er hier im September weilte. Damals allerdings
hatte er die Esterle an seiner Seite, die inzwischen
den Laufpaß bekommen hatte. Jetzt war es also gegeben, sich der Unbekannten zuzuwenden. Gute Gelegenheit , das ohne große Mühe zu bewerkstelligen,
gab es insofern, als das Haus ihrer Herrin, die nach
der Vermählung von »Brebentau« (s. S. 64) hieß, zu
den noblen Adressen zählte. So war es nicht unter
der Würde des Monarchen, die häufigen Einladun-
gen zu Geselligkeiten in Anspruch zu nehmen und
dabei zunächst das Terrain zu erkunden. Bald schon

war sich August sicher, daß sein erster Eindruck nicht getäuscht hatte – auch bei näherer Betrachtung der Türkin und nach einigen Wortwechseln blieb er bei seiner Überzeugung, die fremdländische Dame lohne eine Attacke.

Einmal entschlossen, die Liebesgunst des jungen Mädchen zu erringen, fackelte der Monarch seinem Naturell gemäß nicht lange. Wie es ihm im einzelnen gelang, zügig an das Ziel seiner Wünsche zu kommen, ist nicht sicher überliefert. Jedenfalls stellte sich der Erfolg rasch ein, und schon bald sah Fatima keine Möglichkeit mehr, die stürmischen Liebesnächte vor der Öffentlichkeit zu verbergen; sie war schwanger. Der Kindesvater zeigte sich nicht eben beglückt von dem sich eingestellten Umstand. Als aber die Mutter von einem prächtigen Knaben entbunden und auf den Namen seines Erzeugers Friedrich August getauft wurde, war der König doch gerührt. Spontan bekannte er sich zu dem Sohn und sorgte dafür, daß ihm ein standesgemäßer Weg offenstand: In seinem 22. Lebensjahr – 1724 – wurde der Sprößling Friedrich August in den Grafenstand erhoben und durfte sich von Rutowski nennen.

So rasch das Liebesfeuer bei August dem Starken für Fatima entflammt war, so schnell verlosch es wieder. Monate vor und erst recht nach der Niederkunft sank das erotische Interesse an der Türkin nahezu auf Null. Um Komplikationen seitens der ehemals Geliebten vorzubeugen, gab es mancherlei bewährte Rezepte. Eines davon lautete: Man verheirate die Verflossene. Eine solche Verordnung wandte August gegenüber Fatima an. Als Ehemann passend erschien ihm sein Kammerdiener Georg Spiegel, auf den er ungewöhnlich große Stücke hielt, und zwar vor allem wegen seiner eisernen Verschwiegenheit. Spiegel fügte sich nicht nur dem Wunsch seines Herrn, sondern empfand das Begehren als hervorragende Auszeichnung und als einige Schritte vorwärts auf der Karriereleiter. Übrigens sollte sich der Lakai in diesem Punkt nicht getäuscht haben – den treusorgenden Ehemann erhob August später in den Adelsstand und verlieh ihm den Titel eines Obristleutnants.

Der König war inzwischen schon längst mit seiner nächsten Affäre beschäftigt. Völlig erkaltet war jedoch seine Sinneslust gegenüber Fatima, der nunmehrigen Frau von Spiegel nicht, obwohl er sich in entsprechenden Kreisen beklagte, die Türkin sei kalt wie ein Schneeball. Dennoch: Im Jahr 1706 gebar Fatima eine Tochter, und es bestand nicht der geringste Zweifel daran, wer der Vater war – August der Starke. Der brave Georg Spiegel fand den Vorgang völlig in Ordnung und fühlte sich sehr geehrt, nachdem sein Herr das Mädchen als königliche Tochter legitimiert hatte. Das Kind erhielt den Namen Katharina. Wie schon bei Fatimas Sohn kümmerte sich der Monarch auch um die Erziehung Katharinas mit großer Sorgfalt; im heiratsfähigen Alter wurde sie standesgemäß mit dem polnischen Grafen Michael von Bielinski vermählt.

So weit man es weiß, gefror der Schneeball Fatima nach der erneuten Schwangerschaft zu einem nicht mehr auftaubaren Eisklumpen; die Episode mit der immer noch schönen Türkin war endgültig vorüber.

GRÄFIN LUBOMIRSKA

𝓤RSULA Catherina von Boccum war zehn Jahre jünger als August der Starke. Schon bald nach ihrer Hochzeit mit Fürst Georg Dominic von Lubomirski, Großmarschall der Krone, gehörte sie als Fürstin Lubomirska zu jenen Damen in der Residenz Warschau, um deren Bekanntschaft die Granden der Stadt und adlige Besucher aus nahezu aller Herren Länder buhlten.

Der Stolz und das Selbstbewußtsein der Fürstin ob ihrer Rolle in der feinen Gesellschaft wurde durch ein ansprechendes Aussehen noch befördert – in einer Zeit, zu der das Dekolleté die festliche Garderobe prägte, konnte die vollbusige Venus in besonderer Weise auf sich aufmerksam machen. Natürlich entgingen die weiblichen Reize auch nicht den Blicken Augusts, und so wechselte er von Mal zu Mal mehr Worte mit ihr als das Hofzeremoniell verlangte. Zunächst jedoch blieb die Fürstin von sprödem Stolz, und sobald August erkennen ließ, er wäre an einem Näherkommen sehr wohl interessiert, schien die Mauer abwehrenden Selbstbewußtseins zu wachsen. Schon glaubte der König, es werde wohl nicht gelingen, den distanzierenden Stolz der Schönen zu brechen, da kam es zu einem Ereignis, in dessen Folge sich die Lage grundlegend änderte.

Anno 1697 sollte am Hof »wie in alten Zeiten« ein Ritterturnier stattfinden. Die Tradition verlangte nicht nur die Einhaltung eines strengen Reglements, sondern auch die aktive Teilnahme des Königs. August freute sich auf das Ereignis und war überzeugt, mit Glanz und Gloria den Turnierplatz zu verlassen. Das war ein Trugschluß, denn durch eine Unachtsamkeit stürzte er vom Pferd, als er gegen seinen Turniergegner anrannte. Der Sturz verlief zwar ohne größeren Schaden, doch fürs erste sah das Unglück schlimm aus, so daß bei den Zuschauern das Entsetzen groß war. Fürstin Ursula Catherina von Lubomirska fiel sogar in Ohnmacht. August hatte trotz Benommenheit sehr rasch mitbekommen, daß die Schöne von einem Schwächeanfall betroffen war. Ihr Mitgefühl war Anlaß genug, erneut Anlauf zu nehmen, sie zu erobern. Gelegenheit dazu fand sich schon am selben Abend anläßlich eines Balls, zu dem Prinzessin Constantina Sobieska geladen hatte. Natürlich war der Unfall das Gesprächsthema des Abends. August gefiel sich in der Rolle des Starken und tat den Vorgang trotz deutlicher Blessuren im Gesicht als eine Lappalie ab. Im Gegenteil, Anteil müsse man an der bedauernswerten Lubomirska nehmen, die seinetwegen sehr gelitten hätte. Das teilte er der Fürstin mit so viel Erschütterung in der Stimme mit, daß sich diese veranlaßt sah, nunmehr ihrerseits das Mitempfinden mit bebenden Worten auszudrücken. August reagierte mit sachlich vorgetragenen Beschwichtigungen, doch innerlich jubilierte er. Die vielen Seufzer und Ächzer der Schönen signalisierten es nur allzu deutlich – die Fürstin hatte sich in ihn verliebt.

Vorerst wurde die Lage durch schwülstige Briefe voller eindeutiger Zweideutigkeiten weiter sondiert. Eine im wörtlichen Sinn tragende Rolle spielte dabei Augusts adliger Kammerpage Vitzthum, der als Bote unterweg war. Als für den gewitzten Boten kein Zweifel mehr daran bestehen konnte, daß nunmehr lediglich noch die Beiden an ungestörtem Ort zusammenkommen mußten, um sich in die Arme zu sinken, arrangierte auch das der Kammerdiener. Vitzthum hatte sich nicht geirrt, das Stelldichein wurde zu einem opulenten Liebesfest.

Die folgenden Wochen waren durch schier unstillbares Verlangen der Beiden zueinander gekennzeichnet. Ob in aller Herrgottsfrühe, zur schläfrigen Mittagszeit oder nach einem üppigen Nachtmahl – immer und immer wieder fanden August und Ursula zueinander und schienen die Welt um sich herum zu vergessen. Die freilich, genauer die Damen und Herren von Welt, hatte längst mitbekommen, daß dem König eine neue Mätresse zur Verfügung stand. Der in seinem Stolz tief getroffene Fürst Georg Dominic von Lubomirski machte seiner Gemahlin heftige Vorhaltungen und verlangte, von August abzulassen. Die Lubomirska war sich inzwischen jedoch des Königs so sicher, daß sie nicht nur das Ansinnen schroff zurückwies, sondern durchsetzte, den Fürst als am Hof ungelittene Person zu erklären.

Nachdem die Liaison öffentliches Ausmaß angenommen hatte, bestand wohl bei allen drei Beteiligten der Wunsch, die katholische Ehe der Lubomirskis als nichtig erklären zu lassen. Das komplizierte Unterfangen wurde dem Heiligen Vater in Rom angetragen, den keine Bedenken quälten, Georg Dominic und Ursula Catherina als von Tisch und Bett geschiedene Leute zu erklären. Jetzt sah August die Zeit gekommen, die schöne Mätresse auch im Kur-

Gräfin Lubomirska.

fürstentum Sachsen vorzustellen. Längst war hier
die Affäre keine Neuigkeit mehr; Neugier bestand
insofern, als sich der Hofadel ein Bild vom Aussehen
der Lubomirska machen wollte. In Dresden waren
sich zumindest die Herren in einem Punkt einig –
August hatte erneut bei der Wahl seiner Geliebten
exzellenten Geschmack bewiesen. Zu gleichen Ur-
teilen kam man auch in anderen größeren Städten
Kursachsens, in denen August alsbald seine Erobe-
rung aus dem fernen Warschau vorstellte, und nur

allzugern beglückwünschte man ihn zu der guten Wahl.

Im Überschwang der Gefühle war der Einfluß der Lubomirska auf den Wettiner so groß, daß dieser den Kaiser bewegte, seiner Mätresse eine ungewöhnliche Auszeichnung zukommen zu lassen. Neben den eigentlichen Fürsten mit Landeshoheit und Sitz und Stimme auf dem Reichstag konnte der Kaiser Titularfürsten ernennen. Nach geschickter Einflußnahme durch den verliebten Kurfürsten schwang sich der Kaiser auf, sein Reservatrecht wirken zu lassen und erklärte im Jahr 1700 die Lubomirska zur Fürstin von Teschen. Der Triumph und das Glücksgefühl Ursulas gipfelten 1704 in der Geburt eines Kindes, dem der Name seines sächsischen Großvaters Johann Georg gegeben wurde. August legitimierte den Knaben als seinen Sohn und sorgte rechtzeitig für dessen glanzvolle Karriere.

Im Geburtsjahr Johann Georgs ging diese Affäre zu Ende. Eine andere Dame, wie Ursula Catherina 24 Jahre alt und von ebenso betörender Schönheit, weilte schon in Dresden – Anna Constantia von Hoym, die spätere Gräfin Cosel. August geizte nicht mit einem Abschiedsgeschenk: 1705 übereignete er der verflossenen Mätresse ein Palais in der Pirnaischen Gasse, aus dem später das Hotel de Saxe entstand.

DIE am 17. Oktober 1680 im Holsteinschen geborene Anna Constantia von Brockdorff nahm sich 1703 ein zwölf Jahre älterer Sachse zur Frau, und zwar der Direktor des Generalakzisekollegiums am Augusteischen Hof, Adolph Magnus von Hoym. Der Steuergewaltige war sicherlich kein liebenswerter Mensch, denn kaum hatte sich das Paar in Dresden eingerichtet, da hörte man von allerlei Problemen, die Constantias Alltag belasteten. So mancher, der die auffallend hübsche Frau neben ihrem eher unansehnlichen Gatten sah, mag sich gefragt haben, warum das junge Mädchen ihr Jawort zur Ehe gegeben hat. Was in der Residenzstadt wohl niemand wußte, war der für damalige Verhältnisse schwerwiegende Umstand, daß Fräulein von Brockdorff ein Jahr vor ihrer Vermählung ein Kind geboren hatte. Als Hoym sie kennenlernte, war das Baby schon verstorben. Aus der unehelichen Niederkunft resultiert, daß Constantia nicht sehr wählerisch war.

Die Ehe mit dem rechthaberischen und spröden Hoym gestaltete sich also von vornherein als nicht sehr glücklich. Vor diesem Hintergrund lernte die jungvermählte Frau von Hoym zufällig ihren neuen Landesherrn kennen, und in allerkürzester Zeit brannten die beiden füreinander. Der glückliche Zufall, das waren ein fürchterlicher Brand im Haus der Schwiegereltern in der Kreuzgasse, in dem zunächst auch die jungen Leute wohnten, und der des Weges daherkommende Kurfürst. August legte selbst mit Hand an, um das Feuer zu ersticken, während Constantia energisch versuchte, einigermaßen Ordnung in die Löschaktionen der kopflos handelnden Männer und Frauen zu bringen. Das gelang ihr zwar, doch das Wohnhaus der Hoyms und weitere Gebäude in der Kreuzgasse konnten nicht gerettet werden. An diesem schlimmen Tag, Sonntag, dem 7. Dezember 1704, begannen für die spätere Gräfin Cosel mehr als acht glückliche Jahre an der Seite Augusts.

Die Natur hatte bei Anna Constantia eine eher seltene Synthese zustande gebracht – in einem formvollendeten Körper voller Anmut steckte ein lebhafter Geist mit ausgeprägter Intelligenz. So sehr sie in August verliebt war, so verlor sie doch nicht den Blick für die reale Situation. Lediglich Mätresse wollte sie auf keinen Fall sein. Der Kurfürst, fasziniert von der hübschen und klugen Frau, war etwas überrascht, als diese ihm darlegte, wie sie möglichst rasch die Ehe mit Hoym scheiden lassen wolle. Die Sprache verschlug es ihm völlig, als Constantia die Erwartung äußerte, August werde sie nach ihrer Scheidung wenigstens als seine zweite Ehefrau, als »Frau zur Linken«, legitimieren. Nein, das hätte die Zustimmung nicht nur seiner Gemahlin, sondern auch des Klerus bedurft, und diesen Vorstoß wollte er aus politischen Erwägungen heraus zumindest jetzt nicht wagen.

Constantia blieb hartnäckig. In seiner Verliebtheit und in Sorge, ansonsten die Angebetete zu verlieren, bot der Kurfürst an, vorerst insgeheim zu beurkunden, daß sie seine Gemahlin zur Linken sei. Con-

Gräfin Cosel.

stantia bedachte das Angebot gründlich. Schließlich
erklärte sie sich einverstanden, falls folgende weitere Verabredungen festgeschrieben würden:

Nach dem Ableben der Ehefrau muß sie als Kur-
fürstin anerkannt werden; wenn sich Kinder einstellen sollten, sind diese zu legitimieren; hunderttau-
send Taler sind als jährliche Pension zu zahlen; und

endlich – aber da genügt die mündliche Zusicherung – muß die Fürstin von Teschen schleunigst den Laufpaß bekommen.

August versprach alles und dazu noch Pillnitz als ihr höchstpersönliches Eigentum. Constantia sah sich durch den Ehevertrag für alle Zukunft gesichert, und nunmehr folgten glückliche Zeiten. August bewirkte, daß Kaiser Joseph I. der Mätresse den Titel einer Reichsgräfin von Cosel zuerkannte. 1705 erhielt sie das Taschenbergpalais, die Inbesitznahme von Schloß Pillnitz erfolgte 1707. Im selben Jahr mußte sie die Totgeburt eines Sohnes überwinden, doch schon ein Jahr später kam das Töchterchen Augusta Constantia zur Welt. Es folgten 1709 Friedericke Alexandra und 1712 Friedrich August. Alle Kinder wies der Wettiner offiziell als seine eigenen aus.

Die Leidenschaft der ersten gemeinsamen Jahre war zwar etwas abgekühlt, doch großartig fand August seine Geliebte immer noch. Was ihn freilich zunehmend mehr störte, war das sich immer häufigere Einmischen der aufgeweckten Frau in politische Vorgänge. Nicht nur, daß sie ungefragt ihre Meinung kundtat, mitunter versuchte sie, unmittelbar Entscheidungen zu beeinflussen. Manche solcher Aktivitäten fand August zwar harmlos, doch da waren seine Vertrauten, die ihren Einfluß schwinden sahen und ihm einredeten, was Frau von Cosel anstelle, sei nicht gutzuheißen, ja geradezu für das Königreich und Kurfürstentum gefährlich. Die Affäre neigte sich derart zwangsläufig ihrem Ende zu. 1713 war der Bruch zwischen August und Constantia vollzogen.

Was sich anschloß, kam einer Tragödie gleich. Für

einige Zeit lebte Gräfin Cosel völlig abgeschieden in Pillnitz, immer noch hoffend, der Monarch werde zu ihr zurückfinden. Wenn August an seine ehemalige Mätresse dachte, dann kreisten seine Gedanken einzig und allein um die Frage, wie er den ihn bloßstellenden Ehevertrag zurückbekommen könne. Constantia hatte längst schon die Aufforderung zur Herausgabe des Dokuments erhalten. Schließlich klammerte sie sich an den Strohhalm, sie werde wohl wieder in Gnade aufgenommen, wenn sie den Vertrag aushändige. Damals, nach Unterzeichnung, hatte sie das Schriftstück ihrem Vetter Graf von Rantzau zur Aufbewahrung übergeben. Jetzt, im Dezember 1715, reiste sie nach Berlin, um sich das Pergament von Rantzau wiedergeben zu lassen. Das stieß auf große Schwiergkeiten, denn der Vetter saß in Haft und verlangte zunächst von ihr Geld, um aus dem Gefängnis herauszukommen. Monat für Monat verging ergebnislos. Im Oktober 1716 war die Geduld Augusts zu Ende. Constantia wurde auf preußischem Territorium verhaftet, nach Kursachsen befördert und ohne Prozeß auf der Festung Stolpen inhaftiert.

Natürlich fand der Wettiner Möglichkeiten, auch ohne die Cosel den Vertrag zurückzuerhalten. Als dieser vor ihm lag, hatte Constantia die Torturen der Verhaftung noch nicht überwunden. Daß sie bis zu ihrem Lebensende 1765 niemals mehr völlig frei sein würde, ahnte sie zum Glück nicht. Auf August hoffte sie hinter den dicken Mauern der Festung immer noch, doch der war längst schon zu neuen weiblichen Ufern aufgebrochen.

HENRIETTE RENARD

DAS Jahr 1706 brachte für August dem Starken besonders viele Ereignisse und Abenteuer mit sich, und zwar nicht nur auf dem Terrain des Liebesgotts Amor, sondern auch auf dem des Mars. Vor sechs Jahren bereits hatte der Nordische Krieg gegen Schweden und Livland begonnen, Anno 1702 siegten die Nordländer über das kursächsisch-polnische Heer, und nunmehr – 1706 – stand erneut eine Auseinandersetzung mit den Schweden an. Ende Januar begaben sich etwa 16000 Soldaten und Offiziere auf den langen und beschwerlichen Marsch nach Polen, um hier den Mannen König Karls XII. entgegenzutreten. Der Kampf bei Fraustadt endete für das sächsische Heer nicht nur mit einer erneuten Niederlage, sondern führte zur Entthronung des Monarchen.

Ungeachtet solcher Schlappen war Augusts Lust nach amourösen Abenteuern nicht im geringsten gedämpft. Obwohl Gräfin Cosel nach Warschau nachgereist war und hier ein wachsames Auge auf die Taten ihres Geliebten warf, fand dieser Mittel und Wege, dennoch eine weitere, wenn auch kurze Affäre einzufädeln. Ziel der Begierde war Henriette Renárd, Tochter eines französichen Weinhändlers, und – es versteht sich von selbst – außerordentlich attraktiv anzusehen. Des Weinhändlers Töchterlein hatte eine besondere Bühne, ihre Schönheit zu präsentieren, denn sie verdiente ihren Lebensunterhalt als Tänzerin. Vermutlich hatte August das junge Mädchen erstmals im Theater zu Gesicht bekommen und hier sein Verlangen ausgelöst.

Zu jener Zeit wirkte ein Vetter der Cosel, Christian Detlev von Rantzau, als persönlicher Adjutant des Königs. Rantzau oblag es, ein Rendezvous mit Henriette vorzubereiten.Nach einer ersten Sondierung der Lage stimmten der König und sein Adjutant darin überein, daß nicht die Tänzerin, sondern die Cosel das größte Problem für ein erfolgreiches Stelldichein wäre. Constantia war tatsächlich allgegenwärtig. Kaum eine Aktion Augusts entging ihrer Achtsamkeit; ihm war es praktisch unmöglich, sich aus dem Schloß fortzubewegen oder Besucher zu empfangen, ohne daß die Cosel den Vorgang bemerkte. Was konnte in dieser Situation helfen? Wiederholt schon hatte August seine Mätresse zu überreden versucht, doch wieder in das angenehmere Sachsen zurückzureisen, im Dresdner Residenzschloß oder in Pillnitz dem rauhen Winter aus dem Weg zu gehen. Alles Bemühen blieb vergeblich, Constantia beharrte darauf, ihr Platz wäre an der Seite des Königs, wo immer er sich auch aufhielte. Mit diesem Sachverhalt mußten die beiden Herren fertigwerden, wenn es August nicht wagen wollte, den angestrebten Seitensprung offen zu bekennen. Notfalls würde er sich auch vor einem solchen Eingeständnis nicht scheuen, aber falls es anders ginge, wäre das wesentlich angenehmer.

Schon wollte der Sachse seine Absicht mitteilen, da kam ihm die rettende Idee. Als der Tag herangekommen war, an dem das Rendezvous mit Henriette stattfinden sollte, erzählte August der Cosel beiläufig, heute Abend habe er an fremden Ort eine höchst geheime Besprechung mit dem polnischen Grafen Tobianski. Die Angelegenheit sei nicht ganz ungefährlich. Deshalb werde er sich auf dem Weg dorthin nicht zu erkennen geben, sich also verkleiden. Natürlich ging es dem König darum, dank der Verkleidung im Haus der Renárd gegenüber den Dienstboten unerkannt zu bleiben und wegen der Maskerade für die Cosel eine plausible Erklärung zu haben.

Constantia von Cosel schöpfte zunächst keinen Verdacht. Dennoch gab es mit ihr Schwierigkeiten. Wenn er in geheimer Mission und noch dazu verkleidet unterwegs sein müsse, dann sei das sicher mit erheblichen Gefahren verbunden, und da wolle sie doch lieber mitkommen. Nach einigem Hin und Her konnte August ihr diesen Entschluß mit dem Versprechen ausreden, er werde Rantzau als Begleiter mitnehmen und mit Waffen gut gerüstet sein.

Die Verabredung mit Henriette Renárd verlief nicht so erfolgreich, wie sie sich der Charmeur vorgestellt hatte. Als er nicht gerade in Siegerlaune in den frühen Morgenstunden aus dem Haus der Tänzerin in das Schloß zurückkehrte, wartete dort zum Verdruß die Cosel auf ihn, die nunmehr doch Verdacht geschöpft hatte. August sprach von einer langwierigen Debatte und der Notwendigkeit, kommende Nacht erneut eine Geheimkonferenz abhalten zu müssen.

Alle Anzeichen sprechen dafür, daß der zweite Anlauf des Königs die Wende bei der zunächst spröden Renárd auslöste. Jedenfalls war sie in der zweiten Nacht schon bis zu einem bedeutsamen Versprechen umgarnt worden. Die schöne Frau erklärte

Henriette Renárd.

sich nämlich fortan bereit, den stürmischen Wettiner in dessen Zufluchtsort, dem »Retirade-Gemach«, aufzusuchen. Üblicherweise hatte auch die Cosel zu respektieren, daß der Monarch einen Ort der Zurückgezogenheit für sich in Anspruch nahm, an dem selbst sie nicht unter keinen Umständen stören durfte.

Constantia von Cosel schien sich jetzt ziemlich sicher, es gab eine Nebenbuhlerin. Sie legte sich auf die Lauer, doch während der nächsten Tage empfing Seine Majestät im Retirade-Gemach keinerlei Damenbesuch. Häufig jedoch kehrte ein junger Herr ein und aus, den niemand kannte. Der junge Bursche, das war die in Mannskleider geschlüpfte Henriette Renárd, die mit wachsender Lust zu den Schäferstündchen eilte. Es kam, wie es kommen mußte. Um den Valentinstag herum, dem Tag der Verliebten, hatte die Cosel Gewißheit über den Seitensprung und stellte tränenüberströmt August zur Rede. Dieser bestritt die Untreue und erklärte, der junge Herr sei wahrhaftig ein Mann, der ihm mancherlei politisch nützliche Nachrichten überbringe.

Wochen später nutzte August eine Laune des Augenblicks und berichtete Constantia von Cosel mit dröhnendem Humor von der Episode und der Idee mit der Maskerade. Schon seit dem 18. Februar war für ihn vorerst die Liebschaft mit Henriette Renárd beendet; an diesem Tag reiste er mit der offiziellen Mätresse gen Westen nach Lowitz zu seinen dort stationierten Truppen. Freilich, August und Henriette trafen sich in den folgenden Monaten wiederum. Das hatte Folgen, die Renárd kam in andere Umstände. Auf den Namen Anna Catherina taufte man das kleine Mädchen, das 1707 geboren wurde. Von ihrem Vater legitimiert, machte sie als Gräfin Orselska, Herzogin von Holstein, eine bemerkenswerte Karriere. Davon ist u. a. in den »Wahren Geschichten aus Sachsen« berichtet worden.

ANGELIQUE DUPARC

SCHON von weitem hatten die Türmer die eskortierte Kutsche gesichtet, die sich gegen Abend Brüssel näherte. An der Toreinfahrt erkannte zwar der diensthabende Wachoffizier, daß es sich bei dem Reisenden um eine wohlhabende Persönlichkeit handeln mußte, dennoch fand er keinen Grund, der Reisegesellschaft vornehmlichen Respekt zu zollen. Der distinguierte Herr in der Kutsche sah es wohl nicht als nötig an, sich von den feinen Lederpolstern zu erheben und sich auszuweisen, so daß der Offizier mit barscher Stimme nach dem Namen fragte. »Wir« sind der Graf von Torgau, kam die auch nicht sehr freundliche Antwort. Was das Woher und Wohin anbelange, sei er überhaupt nicht bereit, Auskunft zu geben, und im übrigen möge »Er« jetzt passieren lassen. Nun gab ein Wort das andere, die Stimmen wurden lauter, die Ausdrücke unfeiner, bis schließlich der Reisende seine Identität zu erkennen gab, August II., König in Polen und Kurfürst von Sachsen – kurz vor Toresschluß wurde nunmehr Einlaß gewährt.

Die Häkelei hatte August den Starken verärgert. Er war in politischer Mission in Flandern unterwegs gewesen und wollte auf der Rückfahrt nach Sachsen in Brüssel Station einlegen. Um dem ihm zuweilen lästigen Begrüßungszeremoniell aus dem Weg zu gehen, hatte er sich entschlossen, unter anderem Na-

men aufzutreten. Und nun dieses ärgerliche Scharmützel am Stadttor! Das Gezänk saß immer noch
störend in ihm. Um sich abzulenken, beschloß er,
sich heute Abend keinen herrschaftlichen Ritua-
len zu unterziehen, sondern leichte Kost aufzuneh-
men und das Theater zu besuchen. Der Inhalt des
gebotenen Stücks besserte zwar seine Laune nicht,
dafür aber entdeckte er ein weibliches Wesen, was
ihn schlagartig in gehobene Stimmung versetzte.

Die Weibsperson war die Tänzerin Angelique
Duparc. Ihre anmutigen Bewegungen auf der Büh-
ne, die grazile Figur und ein bezauberndes Lächeln
im Gesicht bannten den Blick des Sachsen. Die Vor-
stellung ließ ihm ausgiebig Zeit, genüßlich auf die
Ballerina zu starren, ihren Korpus mit Blicken abzu-
tasten und sich auszumalen, wie vergnüglich ein
Tête-à-tête mit der Schönen sein könnte. August war
nicht der Mann, lange in Gedanken zu verharren.
Als die Duparc von der Bühne kam, fand sie eine
Einladung vor, in einer kleinen Gesellschaft zur
Nacht zu speisen. Gern nahm sie das verlockende
Angebot wahr, zumal es ihr der spendable Herr an-
heimstellte, sich von weiteren Damen des Musen-
tempels begleiten zu lassen.

Bei wahrhaft königlichen Speisen und fürstlichen
Getränken gefiel sich August darin, zwar als der
Sachse Graf von Torgau zu gelten, aber mit dem Landesherrn Sachsens nichts zu schaffen zu haben. Ob
Angelique Duparc bereits in jener Nacht ahnte, wer
jener Mann wirklich war, der ihr unentwegt Schmei-
cheleien ins Ohr flüsterte, muß dahingestellt bleiben. Jedenfalls machte sie dem angeblichen Grafen
klar, wie sehr sie an einem Engagement als Tänzerin
in der Residenzstadt Dresden interessiert wäre. Herr

Angelique Duparc.

von Torgau alias August der Starke versprach, sich um eine entsprechende Anstellung zu kümmern, denn er habe einflußreiche Freunde, die bestimmt helfen könnten. Um seine eigene Persönlichkeit bei Wahrung des Inkognitos zu gewichten, überreichte er der Duparc beim Auseinandergehen ein kostbarers Geschenk. Am nächsten Tag ging es in aller Herrgottsfrühe mehrspännig zurück nach Dresden.

In der Residenz angekommen, überraschte ihn die Cosel mit der Miteilung, daß sie wiederum in den Wochen sei (1709 kam das Baby zur Welt) und daß sie außerdem Querelen mit den Herren Fürstenberg und Flemming habe. Weder für den einen noch für den anderen Sachverhalt gab sich August sonderlich anteilnehmend; in Gedanken weilte er noch oft in Brüssel und war gespannt, ob wohl Angelique Duparc die Reise nach Dresden antreten würde. Die Tänzerin scheute den Weg nicht, sie kam. Just am Tag ihres Eintreffens soupierte der Landesfürst in Moritzburg, aber er hatte gut für den Empfang vorgesorgt. Dem Intendanten des Hoftheaters lag Order vor, wo und wie die Ballerina untergebracht werden sollte. Diese registrierte mit Erstaunen, wie wichtig sie offensichtlich in ihrer neuen Umgebung genommen wurde.

Einige Wochen vergingen mit anstrengenden Proben für die Aufführung eines neuen Stücks, in dem Angelique eine tragende Rolle zu spielen hatte. Für die Premiere kündigte man den Besuch des Königs in Begleitung seiner Mätresse, Constantia von Cosel, an. Kurz bevor sich der Vorhang hob, wagte die Duparc einen Blick aus den Kulissen in die Loge des Monarchen. Nun gab es keinen Zweifel mehr, der Graf von Torgau und der König waren ein und dieselbe Person. Jetzt zitterten ihr doch ein wenig die Knie; vor Aufregung glaubte sie sich einer Ohnmacht nahe, so daß sie krampfhaft an den Bühnenaufbauten Halt suchte. August fühlte sich zur Hilfe aufgerufen und ließ zum Verdruß der Cosel sein Riechfläschchen reichen. Das half, die Premiere gestaltete sich zu einem vollen Erfolg.

Die drohende Unpäßlichkeit der Duparc trug nach dem Verständnis des Königs insofern zum Gelingen des Abends bei, als sich die Cosel noch vor Beginn der Aufführung schmollend auf den Heimweg begeben hatte. Nun war die Bahn frei, die Tänzerin wie schon damals in Brüssel zum Abendessen einzuladen. Diesmal allerdings wollte August nicht nur bei schönen Worten verharren.

Angelique Duparc glaubte zu träumen, als nach dem letzten Vorhang der Fürst zu ihr kam und darum bat, das festliche Ereignis mit ihr gemeinsam in seinen Räumen ausklingen zu lassen. Natürlich, wenn sie wolle, könnten wiederum einige weitere Damen mit zur königlichen Tafel kommen. So geschah es dann auch. Eng, sehr eng saßen August der Starke und Angelique nebeneinander. Von den aufgetischten Köstlichkeiten aus der kurfürstlichen Küche und dem Schloßkeller nahmen sie nur wenig zu sich. Zu sehr waren beide damit beschäftigt, sich vielsagend in die Augen zu blicken, sich gegenseitig zu berühren und sich jener knisternden Spannung hinzugeben, die damals wie heute der Beginn einer Liebesaffäre mit sich bringt. Kaum war das Dessert gereicht, suchten August und Angelique ein separates Zimmer auf.

Man darf davon ausgehen, daß sich noch in derselben Nacht die Spannung entlud. Bei Hofe war es nach dieser Nacht offenkundig, daß der Landesherr neben der offiziellen Geliebten, Gräfin Constantia von Cosel, nunmehr eine heimliche Angebetete hatte. In den Annalen ist nicht ausgewiesen, ob die Ballerina von August schwanger wurde und wie letztlich ihr Schicksal endete. Fest steht, daß die Standesunterschiede von vornherein eine längere Dauer der Liaison ausschlossen – eine ebenbürtigere junge Dame von altem Adel, Gräfin von Dönhoff, war schon im Anmarsch.

MARIA MAGDALENA VON DÖNHOFF

$\mathcal{A}$LS wohl engster Vertrauter Augusts des Starken galt Graf Jacob Heinrich von Flemming. Nicht nur als Generalfeldmarschall, sondern auch als Kabinettsminister war er zum unentbehrlichen Ratgeber für militärische, innen- und außenpolitische Angelegenheiten geworden. Ende Juli 1712 tauchte der damals 35jährige in Warschau auf, um hier aus purem Egoismus für seinen König eine Affäre einzufädeln: Flemming sah mit wachsender Sorge, wie sich der Einfluß Constantias von Cosel auf August und dessen Entscheidungen ausweitete. Wenn nicht gegengesteuert wird, dürfte der Tag sehr nahe sein, an dem er, Flemming, in die Bedeutungslosigkeit abstürzt. Gegensteuern, das konnte nur heißen, die Karriere der Gräfin Cosel als Mätresse zu beenden. Um das Ziel zu erreichen, schien es am aussichtsreichsten, dem Monarchen eine andere Geliebte zuzuspielen.

Zu den Spitzen der feinen Gesellschaft zählte in Warschau die Familie Przebendowsky. In eben jene Familie hatte eine Cousine Flemmings eingeheiratet. Als Gemahlin des Großschatzmeisters der polnischen Krone war für die Cousine der Alltag langweilig genug, um begierig die Neuigkeiten aufzusaugen, die Graf Flemming mit nach Warschau brachte. Sein diesmaliger Besuch bei Frau von »Brebentau« (wie Przebendowsky in sächsischer Vereinfachung ausgesprochen und geschrieben wurde) brachte eine abwechslungsreiche Delikatesse mit sich – Vetter und Base berieten miteinander, welche junge Dame geeignet sei, August dem Starken zugeführt zu werden.

Eine lange Liste von Kandidatinnen hechelten die beiden durch, aber zu einem endgültigen Ergebnis kam man nicht. Am geeignetsten dünkte Frau von Brebentau die Tochter des Oberhofmarschalls Bielinski, die von Kennern als schönste Polin bezeichnet wurde. Maria Magdalena, so hieß die anvisierte Dame, stand zwar im heiligen Bund der Ehe mit dem Grafen Dönhoff, aber das dürfte kein Hindernis sein – sehr viel wichtiger war, welche Position der Großmarschall zu der geplanten Kuppelei bezog.

Väterchen Bielinski erklärte nicht nur sein Einverständnis, sondern fühlte sich dermaßen geehrt, daß er bei den notwendigen Aktionen eifrig mitwirkte. Zunächst mußte Maria Magdalena dem Grafen Flemming vorgeführt werden. Der sah sich die etwa 20jährige Frau gründlich an und plauderte mit ihr gezielt über die verschiedensten Dinge. Sein anschließendes Urteil traf wie bei ihm meist den Kern des Problems – Gräfin Dönhoff bestach durch sinnliche Schönheit und langweilte durch einen ziemlich schlichten Geist. Letzteres konnte für die Umsetzung des Vorhabens ein schwerwiegendes Hindernis sein, denn August schätzte durchaus geistige Regsamkeit. Andererseits würde eine Mätresse mit weniger großer Gedankenkraft für ihn als Kabinettsminister zu keiner nennenswerten Gefahr werden. Am Ende seiner Überlegungen stand für Flemming der Entschluß fest, Maria Magdalena von Dönhoff wenigstens versuchsweise dem König zu präsentieren.

Mitten in den Vorbereitungen für das erste Treffen zwischen August und Maria Magdalena verstarb der verbündete Oberhofmarschall Bielinski. Einen Augenblick sah es so aus, als wäre es nunmehr zu schwierig, den Entschluß umzusetzen. Diplomatisch geführte Gespräche mit der plötzlich auf einem Schuldenberg sitzenden Witwe und schließlich auch mit der Frau Tochter selbst machten beide Damen zu willigen Partnern des Komplotts, und nun endlich konnte zur Tat geschritten werden.

Flemmings Cousine richtete ein prächtiges Essen aus und lud dazu alle ein, die Rang und Namen hatten. August konnte und wollte es sich nicht leisten, dem festlichen Mahl fernzubleiben. Für Frau von Brebentau und dem im Hintergund die Fäden ziehenden Graf Flemming war es ein leichtes, den Abend so zu arrangieren, daß die Dönhoff dem König zur Seite saß. Maria Magdalena hatte man nach der neuesten Mode herausgeputzt, mit den edelsten Düften präpariert und überaus kunstvoll geschminkt. Dennoch, der König erweckte bei Flemming und Mutter Bielinska nicht im geringsten den Eindruck, er sei von seiner Tischnachbarin begeistert. Ihm war sie zu einfältig, und wenn er genau hinschaute und verglich, dann erreichte sie keineswegs die Schönheit einer Constantia von Cosel. Trotzdem, Flemming zeigte sich mit dem ersten Versuch nicht unzufrieden. Der Anfang war getan. Jetzt mußte man sich mühen, die Sache voranzubringen.

Mit dem Kammerpagen Vitzthum wurde ein weiterer Vertrauter Augusts des Starken in das Mannöver einbezogen. Der fast schon als Familienmitglied geltende langjährige Diener dachte gemäß den Instruktionen Flemmings seinem Herrn gegen-

Maria Magdalena von Dönhoff.

über laut nach, daß es doch zweckmäßig und rechtens sein müßte, bei einem doppelten Hofstaat zwei Mätressen zu haben. Die Cosel in Dresden und hier in Warschau eine andere. Vielleicht die reizende Gräfin Dönhoff? Während Vitzthum derart einen Köder auslegte, sorgte Flemming dafür, daß der Hofklatsch schon sicher zu wissen glaubte, der König von Polen habe nun endlich eine Hiesige als Mätresse gewählt. Selbstverständlich erreichte das Gerücht auch August, und dazu noch die nicht von der Hand zu weisende Meinung Flemmings, politisch sei es nützlich, eine polnische Geliebte zu haben. Ein Kostverächter war der Wettiner trotz fortgeschrittenen Alters immer noch nicht. Statt die Fama zu bestreiten, zog er es letztlich nicht ungern vor, dem Gerücht Wahrheitsgehalt zu verleihen. Das Lager war schon gerichtet und Gräfin Dönhoff nur allzu bereit, sich dem König hinzugeben.

Flemming gratulierte sich zu seinem Erfolg. Freilich wußte er, noch gab es wenig Grund zum Jubel. Kein Kopfzerbrechen bereitete die noch bestehende Ehe zwischen den Dönhoffs, der Ehegemahl würde mit hinreichenden Dukaten zu bewegen sein, in die Scheidung einzuwilligen – in diesem Punkt täuschte sich Flemming nicht. Was ihn beunruhigte und unsicher machte, waren die zu erwartenden Aktivitäten der Cosel. Noch längst nicht hatte er hinreichend bedacht, wie sie reagieren würde und wie man parieren müßte, da verbreitete sich die alarmierende Nachricht, die Dresdner Mätresse sei auf dem Weg nach Warschau. Um Himmels Willen, ihr Erscheinen hier konnte alles wieder zunichte machen. Die Dönhoff wurde bemüht, bei August zu erwirken, den Abbruch der Reise anzuordnen. Maria Magdalena zog die spärlichen Register ihres Könnens, um ihren Geliebten entsprechend zu beeinflussen. Am nachhaltigsten wirkten auf den starken Sachsen viele Tränen und die schluchzend gestammelten Worte, die Cosel käme in der Absicht, sie tot zu schießen. Nein, das muß verhindert werden. Tatsächlich wurde Militär beordert, die Gräfin unterwegs abzufangen und notfalls mit Gewalt nach Dresden zurück zu bringen. Nunmehr rieb sich Flemming die Hände, das bedeutete wohl sicher die Wende von der Cosel hin zur Dönhoff.

Im Dezember 1713 fielen die Würfel endgültig zu Gunsten der neuen Geliebten. Der König beabsichtigte, sich nach Dresden zu begeben. Die Gegner der Cosel wirkten auf die Dönhoff ein, mit in die Elbmetropole zu reisen und darauf zu dringen, daß ihr dort die Gräfin nicht unter die Augen komme. August ließ daraufhin den Befehl zu Papier bringen, die Cosel habe sich schleunigst nach Pillnitz zu begeben. Räume sie den Platz in Dresden nicht freiwillig, werde er sie gewaltsam fortbringen lassen. Flemming und seine Gesinnungsgenossen konnten strahlen; das Schicksal der ihnen einst so gefährlichen Frau war jetzt ein für alle Mal besiegelt.

Einige Jahre verbrachte Maria Magdalena von Dönhoff als Mätresse an der Seite Augusts des Starken. Es gab Zeiten, da fühlte sich der Wettiner mit dieser Wahl nicht unglücklich. Es sind aber auch Ereignisse bekannt, die einen eher bedauernswerten Zustand belegen. Besonders spektakulär war ein Vorgang, der sich 1714 ereignete und der vermutlich damit zusammenhing, daß August seine Mätresse immer noch an der schönen und geistvollen Gräfin Cosel maß: Während eines Festbanketts riß der zornige König aus scheinbar heiterem Himmel der entsetzten Dönhoff alle Kleider vom Leib; in unseren »Wahren Geschichten um August den Starken« ist über den Skandal und die Folgen ausführlich berichtet worden.

SOFIA VON DIESKAU

$\mathcal{D}$IE alte Handelsstadt Leipzig und ihre Messen – durch kaiserliche Privilegien bereits 1497 und 1507 zu Reichsmessen erhoben – schätze August der Starke Zeit seines Lebens außerordentlich. Im Januar 1704 griff er höchst persönlich zur Feder, um in einem gewichtigen Schreiben an die Stadtväter Anregungen zur Verschönerung der Nebenresidenz zu geben. Da kann man u.a. lesen, es würde ihm »zu gnädigstem Gefallen gereichen«, wenn im sogenannten Rosental eine Allee mit zwei- oder dreifachen Wegen sowohl zum Fahren als zum Gehen angelegt würde oder wenn man die Stadt mit Schleusen ausstatte. Wörtlich heißt es dann weiter: »...wann das Rathaus, als in welchem ohnedem ein Abgang an genügsamen Gemächern und Kommodität sein soll, in besseren Stand gesetzt, übersäult und embelliert würde, dannenhero ihr euch solches als ein zu eurem beständigen Ruhm gereichendes Werk angedeihen lassen ...«

sowie an anderer Stelle »gnädigst, ihr wollt einen akkuraten Generalgrundriß der ganzen Stadt, Vorstädte und deren Umkreis verfertigen lassen und uns solchen zuschicken, damit wir unsere gnädigste Meinung und Intention in ein und anderem Embellissement der Stadt betreffend, besser explizieren können...«.

Um das »Embellissement«, die Verschönerung Leipzig, ging es dem Landesherrn freilich nicht allein aus Liebe zu der alten Messestadt. Hierher kamen hohe Herren und einflußreiche Kaufleute aus aller Welt, so daß sich August kaum eine Messe entgehen ließ, um als nach Absolutismus strebender Herrscher vor der noblen Öffentlichkeit zu brillieren. Insofern hielt er es durchaus für wichtig, daß die Stadt einen prunkvollen Rahmen abgab. Daß in seinem Verständnis schließlich auch eine schöne Frau an seiner Seite geeignet war, seinen Ruhm zu mehren, liegt auf der Hand. Dementsprechend gehörte es zum Ritual der Messebesuche Augusts, sich möglichst oft von der jeweiligen Mätresse begleiten zu lassen.

Gräfin Maria Magdalena von Dönhoff hatte zwar noch nicht endgültig als Geliebte abgewirtschaftet, aber in der Gunst des Königs stand sie nicht mehr hoch genug, um ihn auf die Fahrt nach Leipzig zur Messe begleiten zu dürfen. Neun Stunden lang war August in der Kutsche durchgeschüttelt worden, ehe er von Dresden kommend in der Stadt an der Pleiße eintraf. Obwohl an mancherlei Strapazen gewöhnt, stand es mit seiner Laune nicht zum besten. Unterwegs gab es einen Radbruch, der Pferdewechsel hatte sich für seinen Geschmack viel zu lange hingezogen, und nieselnder Regen aus einem grauverhangenen Himmel drückte zusätzlich auf die Stimmung. Wie belebend der Gedanke, daß für den Abend ein Mummenschanz vorgesehen war, der sicher das Gemüt wieder aufrichten würde. Hier nun kam es zu einer Begegnung, die Carl Ludwig von Pöllnitz wie folgt beschrieb:

»Dort fielen seine Blicke auf Fräulein von Dieskau, ein junges, vornehmes Mädchen, das, abgesehen von seinem Verstand, das vollendetste Meisterwerk der Natur war. Sie hatte die Haltung und die Figur einer Königin, regelmäßige Züge und einen blendend weißen Teint. Ihre großen blauen Augen zeugten von Unschuld. Sie verstand noch nicht, auf andere zu wirken. Ihre Haare waren wundervoll blond, Busen und Hände blendend weiß. Kurz, alles an ihr war vollendet. So schön aber Fräulein von Dieskau auch war, so war sie doch eigentlich wie ein Schneeball ohne Leben. Ihre Antworten beschränkten sich auf Ja und Nein. Der König, von ihrer Gestalt hingerissen, sprach sie auf einem Ball in der Redoute an und war voller Bedauern, bei ihr so wenig Verstand zu finden.«

Wenn man dem Freiherrn von Pöllnitz weiter trauen darf, dann habe August seinem getreuen Vitzthum gestanden, von der Schönheit des jungen Mädchens sei er so angetan, daß er mit ihr fortan sein ganzes Leben verbringen könne. Allerdings hätte er zugleich ein seine Wünsche zügelndes Aber hinzugefügt, und zwar bezüglich des störenden, allzu bescheidenen Geistes Fräulein von Dieskaus, der eine längere Bindung ausschließe.

Über die vielen Jahre seiner amourösen Abenteuer hinweg hatte allerdings der König wiederholt geübt, über den weniger regsamen Kopf eines weiblichen Geschöpfes hinwegzusehen, wenn die Hülle besonders ansehnlich gestaltet war. So entschloß er sich auch in diesem Fall, Sofia von Dieskau den Hof zu machen und mit ihr an der Seite in der Messestadt zu promenieren. Vitzthum soll sich zwar angeboten haben, zuvor ein wenig Sofias Geist zu bilden, doch sein ungeduldiger Herr schlug das Anerbieten in den Wind. Ob es dazu kam, daß sich August schon während der näch-

Sofia von Dieskau.

sten Tage vor dem Publikum mit Fräulein von Dieskau schmückte, kann nicht mehr nachvollzogen
werden.

Nach der Messe führte des Königs Weg nach Warschau, wo übrigens die hier auf ihn wartende Gräfin
Dönhoff versuchte, August wieder fester an ihre
Ketten zu legen. Zeitweilig sah es so aus, als würde
das gelingen, doch das so reizvolle Bild Sofia von
Dieskaus saß zu fest in seinem Gedächtnis, so daß
den Bemühungen der Dönhoff kein länger andau-
ernder Erfolg beschieden war. Als der nächste Mes-
setermin heranrückte, begab sich der Monarch erneut nach Leipzig und staunte nicht schlecht, daß er

hier seine rechtmäßige Gemahlin Christiane Eberhardine antraf und in deren Gesellschaft Fräulein
von Dieskau. Die Anwesenheit seiner Gattin hielt
August nicht im geringsten davon ab, diesmal energisch auf sein Ziel loszusteuern, also der Dieskau
eine Liebeserklärung abzugeben.

Die Reaktion des jungen Mädchens auf das Lie-
besgeständnis stürzte August in eine nicht geringe
Ratlosigkeit. Die Schöne hörte sich die schmeichel-
haften Worte an, errötete, schlug die Augen nieder
und blieb ansonsten stumm. Was war davon zu hal-
ten? Offensichtlich, so tröstete sich der König nach
einer Weile des Bedenkens, ist es ihrer jugendlichen
Schüchternheit zuzuschreiben, daß sie ihm nach seinem Geständnis nicht aufjauchzend und hochbe-
glückt um den Hals fiel.

Es gab für die Lösung solcher Situationen bewährte Rezepte – die Frau Mama mußte einbezogen werden. Frau von Dieskau, die füllige Gattin
eines biederen Geheimrats, zeigte sich sofort bereit, ihrem Töchterchen gut zuzureden, August ihr
Herz zu öffnen. Über die Jahre hinweg hatte die
Frau Geheimrat allerdings auch gelernt, sich in
Herzensangelegenheiten nicht nur in der Welt
der Gefühle aufzuhalten, sondern handfeste prak-
tische Dinge zu berücksichtigen. Mit aller Selbstverständlichkeit erklärte sie dem verliebten König,
eine gehörige Portion von Talern sei schon von-
nöten, um rasch Bewegung in die Sache zu bringen. Selbstredend ließ August das Geld aushän-
digen.

Nach einigen Tagen war es soweit. Große Anstrengungen hatte Frau von Dieskau nicht nötig
gehabt, um Sofia von der Ehre und dem ihr wider-

fahrenen Glück zu überzeugen, die Geliebte des Königs und Kurfürsten werden zu können. Mit einem Teil des vom Landsherrn empfangenen Geldes im Beutel nutzten beide Damen die Gunst der Stunde, um von anläßlich der Messe versammelten Tuchhändlern aus aller Welt die kostbarsten Stoffe zu erstehen. Der erste Schneider der Stadt fertigte daraus ein Kleid, wie man es so prächtig bei noch keiner Kaiserin gesehen haben soll. Als Sofia von Dieskau in dem alle ihrer körperlichen Reize unterstreichendem Gewand vor August dem Starken trat, gratulierte der sich innerlich zu seinem Entschluß, um das junge Mädchen mit der Mutter geschachert zu haben.

Trotz immerwährender Schwierigkeiten Sofias, eine kurzweilige Gesprächspartnerin zu sein, bescherte sie dem Monarchen von diesem Tag an viele anregende Stunden beim zärtlichen Miteinander, vor allem zu nächtlicher Zeit. Von längerer Dauer konnte jedoch die Liaison unter den geschilderten Voraussetzungen nicht sein. Als die Schäferstündchen langweilig zu werden begannen, sorgte August für die angemessene Vermählung Sofia von Dieskaus mit einem Hofmarschall und setzte damit den Schlußpunkt unter die Affäre.

HENRIETTE VON OSTERHAUSEN

$\mathcal{A}$M 12. Mai 1719 fei-
erte August der Starke seinen 49. Geburtstag. Zwar
hatten seine Kräfte nicht mehr jenes Ausmaß wie in
jungen Jahren, und auch die ersten Anzeichen einer
Diabetis schmälerten immer öfter die Lust nach
amourösen Abenteuern, doch einen Schlußpunkt
hinter die Fülle der Affären wollte der Kurfürst
noch lange nicht setzen. Hätte man ihm zu seinem
Wiegenfest prophezeit, jenseits des 50. Lebensjahres
werde keine offizielle Mätresse mehr an seiner Seite
sein, weil er ihrer überdrüssig sein würde, dann
wäre der Prophet voller Spott oder auch mit Zorn in
die Schranken verwiesen worden. Natürlich gab es
einen derartigen Weissager nicht, geschweige denn,
daß er den Mut gehabt hätte, sich mit einer solchen
Voraussage unbeliebt zu machen. Wie dem auch
sei: Tatsache ist, daß der Sachse im Sommer 1719
eine Liaison begann, die lediglich ein Vierteljahr
währte und die den langen Reigen der bemerkens-
werten Augusteischen Affären ein für alle Mal ab-
schloß.

Ende August war Christiane Eberhardine, die nun
schon seit langer Zeit im elbabwärts gelegenen
Schloß Pretzsch lebende Gemahlin des Kurfürsten,
in der Residenz eingetroffen. Nach Dresden an den
Hof ihres Gemahls begab sie sich selten und dann
noch höchst ungern. Diesmal freilich bestand ein
zwingender Grund für die Reise, denn es sollte die

Henriette von Osterhausen.

Vermählung ihres gemeinsamen, knapp 23jährigen
Sohnes Friedrich August II. vollzogen werden. Als
Braut war Maria Josepha, die älteste Tochter Kaiser
Josephs aus dem Hause Habsburg, auserkoren wor-
den.

Die Anwesenheit seiner Gattin im Dresdner
Schloß interessierte den Kurfürsten nicht im geringsten. Was sich jedoch für Damen im Gefolge
Christianes aufhielten, war für August allezeit von
Belang gewesen, und so schaute er auch diesmal
wieder neugierig auf jene weiblichen Wesen, deren
Rang es erlaubte, dem Landesherrn vorgestellt zu
werden. Unter der Handvoll Damen, die sich vor
ihrem Herrn verneigten, befand sich eine, die

August sofort ins Auge fiel und die wie in den stürmischen Tagen der Jugend seine Phantasie und Lust beflügelte – Henriette von Osterhausen.

Die junge Baronesse galt unter vielen Zeitgenossen als die schönste Frau weit und breit im Land. Insofern war es nicht überraschend, daß sie die Aufmerksamkeit des Kurfürsten fand. Was freilich dazu führte, daß es noch einmal drei stürmische Liebesmonate für den alternden Haudegen gab, war zwei weiteren Umständen zuzuschreiben: Zum einen erwies sich Henriette nicht nur als Wesen mit einer wahrhaftig formvollendeten Hülle, sondern sie hatte Esprit, Charme und Herzlichkeit – Eigenschaften, die August der Starke im Lauf seines Lebens immer mehr zu schätzen gelernt hatte, auch wenn ihm daraus mitunter Probleme entstanden waren, die weniger geistvolle Geliebte nicht mit sich gebracht hätten. Zum anderen kam die junge Frau dem raschen Begehren des Potentaten mit so viel Selbstverständlichkeit entgegen, daß man sich ohne Umschweife rasch am Ziel der gemeinsamen Wünsche fand.

Dem gesamten Monat September über liefen die Hochzeitsfeierlichkeiten zwischen dem Kurprinzen und der Erzherzogin aus Wien. Eingebettet in das rauschende Fest vergnügten sich der Kurfürst und die Hofdame. Anfangs waren beide bedacht, ihre Leidenschaft zueinander vor der Öffentlichkeit zu verbergen, doch das war kaum zu erreichen. Als der Oktober den üblichen Hofalltag mit sich brachte, beschloß August, sich zu Henriette von Osterhausen »coram publico«, also vor allen Leuten, zu bekennen. Das malerische Schloß Moritzburg wurde nunmehr das Domizil der Mätresse, und hier setzten

beide mit ungebrochenem Elan jene Lustbarkeiten fort, die in Dresden begonnen hatten. Das Ende aber war schon absehbar, denn der Kurfürst kündigte an, er wolle bald in sein Königreich Polen reisen. Wenige Tage vor Weihnachten 1719 machte er sich auf den weiten Weg in das tiefverschneite Land.

Die allein gebliebene Henriette unternahm größte Anstrengungen, ihre Position im Kurfürstentum zu festigen und die Huld des Landesherrn nicht zu verlieren. Erfolg hatte sie nicht, wenn man davon absieht, daß August eine standesgemäße Vermählung mit dem polnischen Grafen Stanislawski arrangierte, die 1724 stattfand. Glücklich ist sie mit dem Edelmann nicht geworden. Nach kürzester Zeit hatte Stanislawski das nicht unerhebliche Vermögen Henriettes verjubelt. Dreieinhalb Jahre nach der Eheschließung verstarb die schöne Frau, die als letzte offizielle Mätresse Augusts des Starken in die Annalen eingegangen ist. Ihrem einstigen Liebhaber waren noch sechs Jahre vergönnt. Die amourösen Episoden fanden nunmehr nur noch in der Erinnerung statt. Am 1. Februar 1733, gut drei Monate vor Vollendung seines 63. Lebensjahres, war die Lebensuhr des Wettiners abgelaufen.

QUELLENVERZEICHNIS

ASCHENBORN, P.O.: Aus den Memoiren der Gräfin Aurora von Königsmarck. – Berlin, o. J.

CZOK, K.: August der Starke und Kursachsen. – Leipzig, 1987

BESCHORNER, H.: Augusts des Starken Leiden und Sterben. – In: Neues Archiv für Sächsische Geschichte, Bd. 58 (1937)

FASSMANN, D.: Das glorwürdigste Leben und Thaten Friedrich Augusti des Großen. – Hamburg, Frankfurt/M., 1733

GURLITT, C.: August der Starke. Ein Fürstenleben aus der Zeit des deutschen Barock. – Dresden, 1924

HOFFMANN, G.: Constantia von Cosel und August der Starke. – Bergisch-Gladbach, 1984

NADOLSKI, D.: Wahre Geschichten um Gräfin Cosel. – Taucha, 1992

NADOLSKI, D.: Wahre Geschichten um August den Starken. – Taucha, 1993

Pöllnitz, C.L.v.: Das galante Sachsen. (Neudruck). – München, 1992

SCHREIBER, H.: August der Starke. Leben und Lieben im deutschen Barock. – München, 1981

VEHSE, E.: Geschichte der Höfe des Hauses Sachsen. – Hamburg, 1854

WEBER, K.v.: Anna Constantia Gräfin von Cosel. – In: Archiv für die Sächsische Geschichte. – Leipzig 1871